FICHA CATALOGRÁFICA

(Preparada na Editora)

Tavares, Clovis, 1915-1984.

T22a   *Amor e Sabedoria de Emmanuel* / Clovis Tavares; mensagens psicografadas por Francisco Cândido Xavier. Araras, SP, 13ª edição, IDE, 2021.

256 p.

ISBN 978-65-86112-26-9

1. Xavier, Francisco Cândido, 1910-2002. 2. Espiritismo 3. Psicografia I. Título.

CDD -922.89

-133.91

Índices para catálogo sistemático:

1. Brasil: Biografia 922.89
2. Espiritismo 133.9

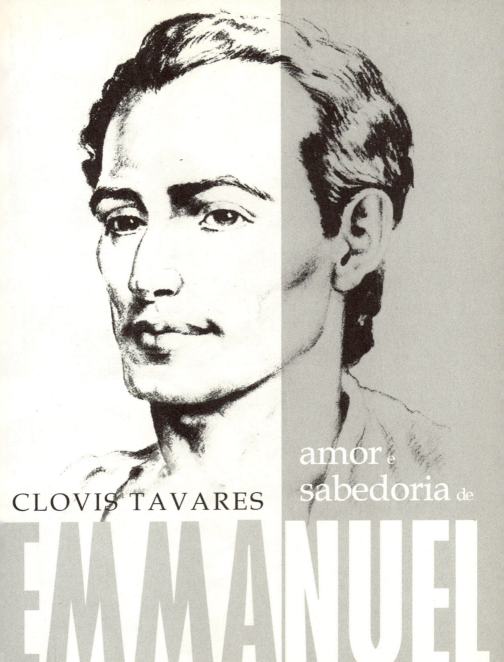

CLOVIS TAVARES

amor e sabedoria de

EMMANUEL

ide

ISBN 978-65-86112-26-9

13ª edição - outubro/2021

Copyright © 1981,
Instituto de Difusão Espírita - IDE

Conselho Editorial:
Doralice Scanavini Volk
Wilson Frungilo Júnior

Produção e Coordenação:
Jairo Lorenzeti

Revisão de texto:
Mariana Frungilo Paraluppi

Capa:
Samuel Carminatti Ferrari

Diagramação:
Maria Isabel Estéfano Rissi

INSTITUTO DE DIFUSÃO ESPÍRITA - IDE
Av. Otto Barreto, 967
CEP 13602-060 - Araras/SP - Brasil
Fone (19) 3543-2400
CNPJ 44.220.101/0001-43
Inscrição Estadual 182.010.405.118
www.ideeditora.com.br
editorial@ideeditora.com.br

Todos os direitos reservados. Nenhuma parte desta publicação pode ser reproduzida, armazenada ou transmitida, total ou parcialmente, por quaisquer métodos ou processos, sem autorização do detentor do copyright.

Sumário

Amor e Sabedoria de Emmanuel 9

I – EMMANUEL: NOTÍCIAS E REMINISCÊNCIAS.... 15

1. Apresentando Emmanuel 17
2. Pedro Leopoldo, 1931 23
3. Públio Lentulus, Senador Romano – Nestório,
   escravo judeu 27
4. Emmanuel e o Apóstolo Paulo: uma mensagem
   inédita 35
5. Padre Manuel da Nóbrega, Apóstolo do Brasil...... 41
6. Padre Damiano: Missão na Espanha e na França.. 49

II – AMOR DE EMMANUEL 61

1. O Exemplo de Cristo 63
2. Itinerário da Caridade 67
3. Testemunhos da Gratidão........................... 79
4. Teu filhinho contigo........................... 87
5. Uma oração para Nelma 99
6. Lições de amor 105

III – SABEDORIA DE EMMANUEL 113

   1. Sabedoria que vem do Alto 115

   2. Emmanuel, escritores e leitores 123

   3. Sabedoria na intimidade 135

   4. Orientação para todos 145

   5. Emmanuel e Medicina 157

   6. "Se o conhecimento da reencarnação
     já te felicita..." 169

   7. Um "flashback" de Wallace Leal Rodrigues 177

   8. Missão do Livro: Vanguarda de quatro séculos . 187

IV – BREVE ANTOLOGIA DE EMMANUEL 197

   1. Muitos hospedeiros e nenhum amigo 199

   2. Deus virá 203

   3. Confia em Deus 207

   4. Trabalho 209

   5. Na hora da assistência 213

   6. Missiva fraternal 217

   7. Omissão 221

   8. Por um pouco 225

   9. Passo acima 229

   10. O olhar de Jesus 233

   11. Caridade 237

   12. Teu recanto 239

   13. Divina presença 243

   14. Bênçãos de Deus 245

   15. Na Trilha da Caridade 247

   16. Heroísmo oculto 251

A Você,

HILDA querida,

esposa devotada e companheira de todas as horas de dor e alegria, Anjo Bom de minha peregrinação terrestre, estas páginas singelas são dedicadas.

São recordações afetuosas, descoloridas embora, em torno do grande Amigo e Benfeitor de nossa vida e de nosso lar.

Sem o auxílio carinhoso de suas orações e sem seu estímulo, eu não saberia reuni-las nem grafá-las.

Como agradecer ao seu abençoado coração essa ajuda indispensável?

Ajoelho-me, em espírito, diante do Trono da Graça e, oferecendo-lhe estas páginas, rogo ao Divino Amigo que a recompense, engrandeça e abençoe eternamente.

AMOR E SABEDORIA
DE EMMANUEL

A quem tributo, tributo... A quem honra, honra.

PAULO (Aos Romanos, 13:7)

Louve – mas louve com sinceridade – o merecimento dos outros.

ANDRÉ LUIZ (em *Paz e Renovação*)

ESTAS PÁGINAS MODESTAS QUE PRETENDEM COMENTAR singelamente a obra espiritual de Emmanuel na Pátria do Evangelho, desde o nascimento do Brasil na História, são realmente louvação, mas não apenas louvação. E louvação, não louvaminha.

Por que não manifestar reconhecimento nascido da alma e do coração? Por que não imitar o samaritano curado da lepra que voltou para agradecer? Por que não dar a cada um aquilo que lhe é devido?

Não objetiva, entretanto, este despretensioso opúsculo tão somente o louvor, louvor sincero, qual o recomenda André Luiz ao generoso Benfeitor Espiritual, a quem Deus destinou, desde séculos atrás, uma nobre missão: a de evangelizar, de espiritualizar os corações que se abrigassem sob a luz do Cruzeiro.

Estas páginas expressam também sincera presença espírita, modesta contribuição às comemorações do 4º Centenário da Morte de Manuel da Nóbrega, *o inesquecível e tão ingratamente esquecido Manuel da Nóbrega,* no dizer feliz do grande Capistrano de Abreu. Esse mesmo humilde e valoroso, heroico e clarividente Padre Nóbrega, Pai do Brasil, que se devotou à nossa Pátria mesmo antes de se reencarnar em Sanfins, na obscuridade de Entre-Douro-e-Minho, com a missão de ser o primeiro missionário do Evangelho, o primeiro educador, o primeiro devotado amigo da gente brasileira, no árduo e afanoso início de nossa civilização.

Existências posteriores, na velha Europa, não o afastaram de nossa pátria, nem pelo pensamento nem pelo coração. Voltou a missionar em nossa terra, onde de novo desencarnou, ainda em tarefas espirituais do Evangelho. E ei-lo, em seguida, redivivo entre nós, no amor e na sabedoria de Emmanuel, desde o início do mediunato abençoado de Francisco Cândido Xavier.

Sempre o mesmo e valoroso Nóbrega – ardente, intrépido, bondoso – a antecipar o futuro, abrindo leiras na terra das almas, abençoando os Espíritos com sua milenária experiência humana, confortando os corações com a luz de sua palavra rica de espiritualidade, num somatório de virtudes e de conhecimentos colocados a serviço do Reino de Deus, em doação de amor.

Completam-se, assim, neste **1970**, quatrocentos anos de Nóbrega e quarenta anos de Emmanuel, nesse apostolado espiritual de oferecer um novo sentido da vida aos filhos da terra.

Pretende também este opúsculo comprovar a continuidade psicológica do pensamento e da missão do nobre benfeitor da Pátria do Evangelho, desde os sacrifícios e dedicações de Nóbrega, que a História registrou, até o magistério incansável e fecundo de Emmanuel, no presente, na qualidade ainda de sábio e benevolente instrutor de nossa alma, cujos devotamentos não são gravados senão no âmago de nosso coração.

Continuidade, sim. A mesma consciência desperta do Servidor fiel da Verdade, a mesma autodisciplina no desdobramento do trabalho missionário, o alto senso de responsabilidade, a autenticidade de sempre, a mesma luminosa visão da complexa problemática da vida universal... Evidentemente que, se a continuidade psicológica, espiritual, marca esse poderoso Espírito, sua sabedoria cresceu com os séculos de consagração a Deus, tanto quanto seu coração se engrandeceu, mais e mais, com a multiplicação de suas sementeiras de amor.

Este desadornado estudo, sem pretensões literárias nem doutrinárias, pequenino fruto de pobres meditações e insofreáveis impulsos do coração agradecido, também relaciona, e simultaneamente, alguns fatos e lições espirituais que visam a recordar aos pósteros a grandeza da bondade cristã e do elevado saber desse iluminado Espírito.

São apontamentos singelos, esparsos, colhidos nos serões espirituais – informalíssimos *colloquia mensalia* – que a bondade do nosso querido Chico Xavier promoveu muitas vezes, através do seu incansável sentimento fraterno, junto de corações amigos. Quase sempre nossos veneráveis benfeitores espirituais participavam desses encontros de almas, confortando-nos, esclarecendo-nos, corrigindo-nos, pródigos de afeto e compreensão.

Lembram algumas anotações, pela sua espontaneidade e sutileza, os "ditos de mesa" de Lutero, os famosos *Tischreden* que Aurifaber recolheu com seu carinho, e guardam a simplicidade do *Konversationshefte* de Beethoven, recentemente editado na Alemanha.

Aqui se reúnem também pensamentos e mensagens, testemunhos e depoimentos, de Emmanuel e em torno de Emmanuel, desataviadamente ligados em humilde testemunho de gratidão ao nobre luminar da Espiritualidade – é justo repetir – a quem tanto deve o Brasil, o Brasil histórico, o Brasil - Pátria do Evangelho e Coração do Mundo.

Tendo recebido desse Espírito magnânimo lições e auxílios inesquecíveis, bênçãos e socorros nas horas mais angustiosas de minha experiência humana, quanto testemunhado sua bondade incansável para com inumeráveis corações sofredores e inquietos, alma e consciência não me permitem silêncio diante de tantas benesses.

Presenciei, junto ao coração santificado de Chico Xavier, suas primeiras semeaduras no solo das almas. Vi o trigal lourejar aos brandos ventos da misericórdia de Deus. Assisti ao arrotear da terra e à multiplicação das searas. Comi do seu pão, dessedentei-me em sua fonte. Rejubilei-me com as vitórias sobre pântanos e carrascais, fui testemunha de lutas e lágrimas, de sol e granizo, de fadigas e júbilos, de humilhações e triunfos, tudo sob a graça de Deus.

Qual o filho pródigo de volta do país distante, recebi acolhida e carinho, com mesa farta e música para o coração, no lar abençoado desse grande Lavrador de Deus.

Imaginando reviver a consciência do pobre filho daquele pai compassivo da Parábola, confesso, parafraseando: Não sou digno de entoar estas loas humildes ao generoso benfeitor...

Que o bom e sábio Emmanuel receba, entretanto, na luz da Eternidade, estas páginas singelas por filial ósculo de gratidão de quem tanto lhe deve e não sabe nem pode traduzir o que sente.

E ao querido Chico Xavier, medianeiro generoso de bênçãos sem conta que tenho recebido do Alto, meu amigo fiel e meu paciente protetor, com esta oferenda pobre, que também lhe pertence, o mesmo pobre afeto e a mesma homenagem de reconhecimento do devedor insolvente que lhe oscula as mãos santificadas com o coração em prece...

C.T.

Campos, 20 de maio de 1970

Ano do 4° Centenário da Desencarnação de Nóbrega.

I

EMMANUEL:
NOTÍCIAS E REMINISCÊNCIAS

*Não podemos deixar de falar do
que temos visto e ouvido.*
ATOS DOS APÓSTOLOS, 4:20

*Ensina-nos a ter prazer nas coisas
simples e a sentir a alegria que
não venha de fontes amargas.*
RUDYARD KIPLING

1

APRESENTANDO EMMANUEL

PARA AQUELES QUE NÃO TÊM TIDO A VENTURA DE UM convívio mais íntimo com o Espírito Emmanuel, através de seu trabalho missionário, são estas anotações singelas, notícias e reminiscências de um valoroso mensageiro de Deus, cujo nome foi pronunciado pela primeira vez no rincão mineiro de Pedro Leopoldo, há quarenta anos...

Foi em 1931 que Emmanuel se apresentou no ambiente espírita brasileiro, não obstante suas velhas ligações históricas e espirituais com nossa pátria.

Quem é Emmanuel? Se alguém ainda, no Brasil, articular esta pergunta, nestas páginas despretensiosas encontrará singela resposta, embora naturalmente incompleta.

Emmanuel é o nobre Espírito responsável por

um grande trabalho missionário na Pátria do Evangelho. É o guia espiritual do médium Francisco Cândido Xavier, o universalmente famoso Chico Xavier, o humilde Chico, que está no coração agradecido de todos os espiritistas brasileiros e ainda além de nossas fronteiras...

Quando o Brasil Espírita comemorava, neste 1970, a publicação do centésimo livro psicografado pelo abençoado filho espiritual de Emmanuel, já dois outros volumes eram entregues ao público brasileiro. Esse trabalho fecundo – mais de cem livros editados, todos de relevante e inegável valor, doutrinário e literário – devemos ao dinamismo espiritual de Emmanuel. É a realidade da grande missão do livro mediúnico espírita, sob a esclarecida liderança do nobre Benfeitor!

Alma profundamente possuída de espírito evangélico, Emmanuel tem prodigalizado, através de inúmeras formas de amparo espiritual, conforto e esclarecimento a legiões de criaturas aflitas e torturadas.

Coração generoso, sabe repartir-se continuamente, na ubiquidade do amor e da simpatia, atendendo os sofredores que o buscam.

Polígrafo admirável, aí estão seus esplêndidos livros – mais de três dezenas – que seu filho espiritual psicografou, sobre os mais variados temas, em feliz abordagem dos mais complexos e transcendentes assuntos, num estilo diáfano e comunicativo, entre belezas de simplicidade e sentimento.

Sábio condutor de almas, sua palavra de luz se tem dirigido, sem distinções, a todos os que lhe batem à porta do coração, em dádivas de paz, de esclarecimento e de bom ânimo, na univocidade do espírito evangélico.

Emmanuel é o bondoso e sábio Instrutor Espiritual que superintende o vasto movimento de espiritualidade iniciado no Brasil com o despontar das faculdades mediúnicas de Chico Xavier.

Talvez nem todos calculem quanto lhe deve o Brasil Espírita, por desconhecerem os ascendentes que estruturam as atividades dos Missionários da Luz junto ao médium Xavier.

Emmanuel é o responsável, perante a Hierarquia Espiritual que nos governa, por todo o trabalho mediúnico que se iniciou em Pedro Leopoldo e que continua, fecundo como sempre, em Uberaba. É ele o supervisor, o coordenador de toda a obra literário-mediúnica de Chico Xavier.

Foi ele que, no início dos anos trinta, reuniu a seleta plêiade de nossos bardos, que provocaram o grande impacto no ambiente cultural do Brasil com o inconfundível *Parnaso de Além-Túmulo*, fenômeno que se repetiu em 1962 com a não menos maravilhosa *Antologia dos Imortais*.

Foi Emmanuel que nos restituiu o admirável cronista Humberto de Campos, redivivo, com suas mensagens, suas reportagens do Além, seu admirável *Boa Nova,* seu *Brasil, Coração do Mundo, Pátria do Evangelho* e suas iluminadas páginas sob a chancela de Irmão X...

Ao magnânimo benfeitor devemos essa obra portentosa, de indescritível beleza, que é *Falando à Terra,* em que podemos ler os apelos e as advertências de grandes Espíritos.

Foi ele que projetou essa fascinante obra de revelação espiritual das esferas invisíveis que nos envolvem o planeta, confiada à inteligência brilhante do Espírito André Luiz, que vem trazendo, com seus livros, uma inestimável contribuição à obra iniciada por Allan Kardec, obra de iluminação da consciência humana.

A Emmanuel, alma de escol, ao seu espírito de organizador, de autêntico chefe espiritual, devemos a beleza, a luz, a pureza ortodoxa da prodigiosa produção mediúnica do fidelíssimo Chico Xavier, em que têm cooperado centenas de obreiros espirituais, desde as primeiras revelações do além-túmulo, orvalhadas pelas lágrimas maternais de Maria João de Deus até os poemas cheios de ternura de Auta de Souza, Maria Dolores, Meimei, Francisca Clotilde, Irene Souza Pinto...

A ele ainda, à sua esclarecida visão dos mais conturbadores ou silenciosos problemas humanos, é devido o atendimento a multidões de necessitados e a infindáveis fileiras de sofredores, beneficiados pela aproximação de laços afetuosos do Outro Lado da Vida, por intermédio de mensagens confortadoras e inconfundíveis de corações amigos, ou por socorros espirituais de vária espécie...

Foi esse o magnânimo e sábio Espírito que, apresentando-se com o nome de Emmanuel, apareceu numa tranquila tarde dominical de Pedro Leopoldo, no ano de 1931, a um jovem de vinte anos – tímido, puro, sincero – para dar início visível a uma grande missão.

2

PEDRO LEOPOLDO, 1931

É O PRÓPRIO CHICO XAVIER QUEM NOS REVELA, EM BRE-ves linhas, seu primeiro contato com o Espírito Emmanuel.

Diz o querido médium, em seu *Explicando...*, data de 16 de setembro de 1937, que abre o volume *Emmanuel*[1]:

"Lembro-me de que, em 1931, numa de nossas reuniões habituais, vi a meu lado, pela primeira vez, o bondoso Espírito Emmanuel.

Eu psicografava, naquela época, as produções do primeiro livro mediúnico, recebido através de minhas humildes faculdades..."[2]

---

(1) F. C. Xavier, *Emmanuel – Dissertações Mediúnicas*, Edição FEB, 1938, 2ª edição, pág. 15.

(2) *Parnaso de Além-Túmulo.*

Esclareceu-me o abnegado médium que sua primeira visão de Emmanuel se deu numa reunião de preces que costumava ele fazer, às vezes em companhia de duas confreiras de Pedro Leopoldo, já desencarnadas – D. Joaninha Gomes e d. Ornélia Gomes de Paula –, nas tardes de domingo, ao ar livre, em local próximo ao Ribeirão da Mata. Quando as duas irmãs não podiam comparecer, o jovem Chico Xavier lá ia sozinho até aquele bucólico recanto das proximidades do Açude, para o espiritual encontro com os Amigos da Eternidade.

Levou-me o querido amigo ao local da visão, numa de minhas primeiras visitas a Pedro Leopoldo. Como já tive oportunidade de confessar[3], contemplei o sítio abençoado da primeira aparição de Emmanuel e não pude deixar de recordar, com o devido respeito, *mutatis mutandis,* o episódio bíblico de Moisés junto à sarça ardente... Senti, quanto o sinto ainda hoje, que também eu pisava terra santa, no sentido de nova responsabilidade espiritual...

Foi ali, também já disse no *Trinta anos com Chico Xavier,* que o fiel medianeiro de Pedro Leopoldo se comprometeu com o valoroso Orientador Espiritual a aceitar as três condições exigidas pelo Alto em troca do apoio para o desempenho de sua missão mediúnica: disciplina, disciplina e disciplina.

---

(3) *Trinta Anos com Chico Xavier,* Araras, SP, IDE Editora.

Emmanuel não apareceu a Chico com o aspecto com que atualmente se apresenta, de Públio Lentulus, que o famoso retrato de Delpino Filho tão amplamente difundiu. Apareceu-lhe com a expressão de sua última encarnação terrestre.

Segundo as lembranças do caro médium, conforme me revelou, foi um pouco antes da psicografia do livro *Há Dois Mil Anos* que se deu, gradativamente, a transição. E a personalidade de Públio Lentulus se fixou na clarividência de Chico.

Quanto à aparição, declara o médium Xavier no mesmo *Explicando...*:

"Via-lhe os traços fisionômicos de homem idoso, sentindo minha alma envolvida na suavidade de sua presença, mas o que mais me impressionava era que a generosa entidade se fazia visível para mim dentro de reflexos luminosos que tinham a forma de uma cruz. Às minhas perguntas naturais, respondeu o bondoso guia: – Descansa! Quando te sentires mais forte, pretendo colaborar igualmente na difusão da filosofia espiritualista. Tenho seguido sempre os teus passos e só hoje me vês, na tua existência de agora, mas os nossos espíritos se encontram unidos pelos laços mais santos da vida e o sentimento afetivo que me impele para o teu coração tem suas raízes na noite profunda dos séculos..."

Ainda acrescenta o médium no mesmo prefácio:

"Desde 1933, Emmanuel tem produzido, por meu intermédio, as mais variadas páginas sobre os mais variados assuntos. Solicitado por confrades nossos para se pronunciar sobre esta ou aquela questão, noto-lhe sempre o mais alto grau de tolerância, afabilidade e doçura, tratando sempre todos os problemas com o máximo respeito pela liberdade e pelas ideias dos outros. Convidado a identificar-se várias vezes, esquivou-se delicadamente, alegando razões particulares e respeitáveis, afirmando, porém, ter sido, na sua última passagem pelo planeta, padre católico, desencarnado no Brasil. Levando as suas dissertações ao passado longínquo, afirma ter vivido ao tempo de Jesus, quando então se chamou Públio Lentulus."[3a]

(3a) Não é somente a respeito de sua última peregrinação terrena que Emmanuel se eximiu de identificar-se.

Também sobre várias outras existências de nosso grande Amigo devo silenciar. Soube delas, por bondade do próprio Emmanuel, em nossos informais "círculos de estudos", junto ao coração e à mediunidade de Chico.

Como já disse várias vezes, essas "revelações", como habitualmente as chamamos, sempre espontâneas, tiveram nobre objetivo, no desdobramento de nossas reflexões evangélicas.

É com tristeza, humana tristeza, que declaro não poder trazer essas notícias espirituais para estas páginas. Razões igualmente particulares e respeitáveis levaram nosso caro médium a pedir-me que silenciasse sobre o assunto.

Foram de tal modo justos os argumentos, que os aceitei de coração. É um simples dever de minha parte respeitar a humildade do generoso Benfeitor.

Naturalmente, com isso, este livro fica mais pobre, entretanto, permanece comigo a alegria de obedecer.

3

Públio Lentulus, Senador Romano – Nestório, escravo judeu

A notícia de que Emmanuel fora o senador romano Públio Lentulus, tornada pública nas humildes e sinceras explicações de Chico, à guisa de prefácio ao primeiro livro do nobre benfeitor, foi reafirmada, um ano depois, em mensagem íntima datada de 7 de setembro de 1938:

"Algum dia, se Deus mo permitir, falar-vos-ei do orgulhoso patrício Públio Lentulus, a fim de algo aprenderdes nas dolorosas experiências de uma alma indiferente e ingrata. Esperemos o tempo e a proteção de Jesus."[4]

Era a promessa, semanas depois cumprida, de sua autobiografia – o portentoso romance de Emmanuel, *Há Dois Mil Anos.*

---

[4] *Na Intimidade de Emmanuel* (prefácio de *Há Dois Mil Anos),* 1ª edição, FEB, 1939.

No dia seguinte ao em que iniciara a grafia de sua própria história, Emmanuel esclarecia, em nova mensagem, o motivo que o levara a revelar, de público, essa sua distante reencarnação. E o fazia com sua inseparável humildade, apanágio de seu Espírito:

"Iniciamos, com o amparo de Jesus, mais um despretensioso trabalho. Permita Deus que possamos levá-lo a bom termo.

Agora verificareis a extensão de minhas fraquezas no passado, sentindo-me, porém, confortado em aparecer com toda a sinceridade do meu coração, ante o plenário de vossas consciências. Orai comigo, pedindo a Jesus para que eu possa completar esse esforço, de modo que o plenário se dilate, além do vosso meio, *a fim de que minha confissão seja um roteiro para todos.*"[5]

Como vemos, o *Há Dois mil Anos,* revelação de uma alma sincera, nasceu de um propósito altamente espiritual, tipicamente agostiniano em seu aspecto de confissão, honesta e desimpedida, objetivando servir de *roteiro* para seu leitor.

Meses depois, no transcurso da recepção da obra, o médium recebe outras mensagens de Emmanuel, que confidencia, sempre humilde e sempre sincero, reafirmando o elevado escopo de suas memórias:

---

(5) *Idem, ibidem.*

"Para mim essas recordações têm sido muito suaves, mas também muito amargas. Suaves pela rememoração das lembranças amigas, mas profundamente dolorosas, considerando meu coração empedernido, que não soube aproveitar o minuto radioso que soara no relógio da minha vida de Espírito, há dois mil anos.

Permita Jesus que eu possa atingir os fins a que me propus, apresentando nesse trabalho não uma lembrança interessante acerca de minha pobre personalidade, mas tão somente uma experiência para os que hoje trabalham na semeadura e na seara do nosso Divino Mestre."

De uma oração grafada pelo generoso Espírito, a 4 de janeiro de 1939, são estes períodos áureos que valem como excelso temário para nossas meditações, nesta época dolorosa em que vivemos, num mundo em conturbada transição:

"Jesus, Cordeiro Misericordioso do Pai de todas as graças, são passados dois mil anos e a minha pobre alma ainda revive os seus dias amargurados e tristes!...

Que são dois milênios, Senhor, no relógio da Eternidade?

(...) Diante de meus pobres olhos, desenha-se a velha Roma dos meus pesares e das minhas quedas dolorosas... Sinto-me ainda envolto na miséria de minhas fraquezas e contemplo os monumentos das vaidades humanas... Expressões políticas, variando nas suas características de liberdade e de força, detentores da autoridade e do poder, senhores da fortuna e da inteligência, grandezas efêmeras que perduraram apenas por um dia fugaz!... Tronos e púrpuras, mantos preciosos das honrarias terrestres, togas da falha justiça humana, parlamentos e decretos supostos irrevogáveis!... Em silêncio, Senhor, viste a confusão que se estabelecera entre os homens inquietos e, com o mesmo desvelado amor, salvaste sempre as criaturas no instante doloroso das ruínas supremas... Deste a mão misericordiosa e imaculada aos povos mais humildes e mais frágeis, confundiste a ciência mentirosa de todos os tempos, humilhaste os que se consideravam grandes e poderosos!...

Sob o teu olhar compassivo, a morte abriu suas portas de sombra e as falsas glórias do mundo foram destruídas no torvelinho das ambições, reduzindo-se todas as vaidades a um acervo de cinzas...

Ante minh'alma surgem as reminiscências das construções elegantes das colinas maravilhosas; vejo o Tibre que passa, recolhendo os detritos da grande Babilônia imperial, os aquedutos, os mármores preciosos, as termas que pareciam indestrutíveis... Vejo ainda as ruas movimentadas, onde uma plebe miserável espera as graças dos grandes senhores, as esmolas de trigo, os fragmentos de pano para resguardarem do frio a nudez da carne.

Regurgitam os circos... Há uma aristocracia do patriciado observando as provas elegantes do Campo de Marte e, em tudo, nas vias mais humildes até os palácios mais suntuosos, fala-se de César, o Augusto!...

Dentro dessas recordações, eu passo, Senhor, entre farraparias e esplendores, com o meu orgulho miserável! Dos véus espessos de minhas sombras, também eu não te podia ver, no Alto, onde guardas o teu sólio de graças inesgotáveis...

(...) Bastou uma palavra tua, Senhor, para que os grandes senhores voltassem às margens do Tibre, como escravos misérrimos!... Perambulamos, assim, dentro da nossa noite, até o dia em que uma nova luz brotara em nossas consciências. Foi preciso que os séculos passassem, para aprendermos as primeiras letras de tua ciência infinita, de perdão e de amor!..."[6]

E no final do capítulo VII da II parte de suas memórias, Emmanuel recorda as meditações dolorosas do passado e conclui, referindo-se a si mesmo:

"Pôde então compreender que Lívia vivera para Deus e ele para César, recebendo ambos compensações diversas, na estrada do destino. E enquanto o jugo de Jesus fora suave e leve para sua mulher, seu altivo coração estava preso ao terrível jugo do mundo, sepulta-

---

(6) Idem, ibidem.

do nas suas dores irremissíveis, sem claridade e sem esperança". Acabara, tateando na noite triste de sua cegueira, de ouvir as pungentes revelações de André de Gioras. Perdoara-lhe, mas um desencanto imenso se apossara de sua alma...

Os anos rolam, sem esperança e sem alegria, para a alma do velho senador, até sua dolorosa desencarnação na pavorosa erupção do Vesúvio, em agosto do ano 79, entre gêiseres de pedra e chuvas de cinza, explosões ensurdecedoras, relâmpagos e ondas de lama, num espetáculo de horror...

✳ ✳ ✳

Mas, "(...) cinquenta anos depois das ruínas fumegantes de Pompeia, nas quais o impiedoso senador Públio Lentulus se desprendia novamente do mundo, para aferir o valor de suas dolorosas experiências terrestres, vamos encontrá-lo, nestas páginas, sob a veste humilde dos escravos, que o seu orgulhoso coração havia espezinhado outrora (...)", – diz Emmanuel, prefaciando seu segundo romance, *50 Anos Depois*.

Nessa continuação de suas memórias, o senador romano está presente outra vez no mundo, na veste carnal de um escravo judeu de Éfeso, chamado Nestório, para resgate de suas faltas e nova escalada na grande batalha da evolução.

A existência de Nestório é uma lição viva das leis que nos governam. Recordando essa sua experiência humana, Emmanuel nos faz compreender e sentir, nos mínimos pormenores, os equânimes arestos da Justiça Divina, que nos corrige e aperfeiçoa nos dolorosos caminhos da prova e da expiação.

50 Anos Depois, além de revelar-nos a figura angélica de Célia Lucius, significa o prosseguimento do *roteiro* traçado em *Há Dois Mil Anos,* no qual também resplende outra grande alma em meio a lições preciosas da vida – o Espírito sublime Lívia, a santa esposa de Públio.

Nestório teve a felicidade de ainda alcançar, na sua velhice abençoada e em sua missão apostólica em Éfeso, o Evangelista João, a quem conheceu pessoalmente, quando criança, e de cujos lábios ouviu a palavra do Evangelho e os comentários às visões do Apocalipse. Conheceu ainda o famoso Presbítero Joanes, a quem o santo ancião confiou o manuscrito do Quarto Evangelho...

Foi ainda na personalidade de Nestório, o judeu grego da Ásia Menor, o cristão humilde das catacumbas de Roma, que Emmanuel iniciou sua tarefa de obreiro do Evangelho, desse mesmo Evangelho de Jesus Cristo que o senador Lentulus viera a compreender e a aceitar nos derradeiros tempos de sua romagem terrestre...

4

EMMANUEL E O APÓSTOLO PAULO:
UMA MENSAGEM INÉDITA

UMA MENSAGEM ÍNTIMA DE EMMANUEL, RECEBIDA PELO médium Xavier em Pedro Leopoldo, a 13 de março de 1940, nos fala de um encontro do senador Públio Lentulus com o Apóstolo Paulo em Roma.

A mensagem, até agora inédita, é a seguinte:

"Lede as cartas de Paulo e meditai.

O convertido de Damasco foi o agricultor humano que conseguiu aclimatar a flor divina do Evangelho sobre o mundo. Muitas vezes, foi áspero. A terra não estava amanhada e, se em alguns pontos oferecia leiras brandas e férteis, na maioria, era regiões em espinheiro e pedregulho. Paulo foi o lidador de sol a sol. Seu fervoroso amor foi a sua bússola divina. Sua paixão no mundo, iluminada pela sua dedicação ao Cristo, transformou-se na base onde deveria brilhar para sempre a claridade do Cristianismo.

Conheci-o, em Roma, nos seus dias de trabalho mais rude e de provações mais acerbas. Vi-o uma vez unicamente, quando um carro de Estado transportava o senador Públio Lentulus ao longo da Porta Ápia, mas foi o bastante para nunca mais esquecê-lo. Um incidente fortuito levara os cavalos a uma disparada perigosa, mas um jovem cristão, atirando-se ao caminho largo, conseguiu conjurar todas as ameaças. Avistamos, então, um pequeno grupo, no qual se encontrava a sua figura inesquecível. Trocamos algumas palavras que me deram a conhecer a sua inteireza de caráter e a grandeza de sua fé.

O fato ocorria pouco depois de trágica desencarnação de Lívia e eu trazia o espírito atormentado. As palavras de Paulo eram firmes e consoladoras. O grande convertido não conhecia a úlcera que me sangrava o coração, todavia, as suas expressões indiretas foram, imediatamente, ao fundo de minh'alma, provocando um dilúvio de emoções e de esclarecimentos.

Luzeiro da fé viva, Paulo não pode ser olvidado em tempo algum. Seu vulto humano é o de todo homem sincero que se toque do amor divino pelo Cordeiro de Deus.

Lede-o sempre e não vos arrependereis.
EMMANUEL."

* * *

Esse encontro da Porta Ápia por certo marcou profundamente o coração de Emmanuel.

Conta-nos o Espírito de Néio Lúcio (o mesmo Cnéio Lucios do *50 Anos Depois)* em mensagem que o leitor lerá, na íntegra, mais adiante, que o Apóstolo Paulo, no Plano Espiritual, sempre se dedicou a auxiliar "as grandes inteligências afastadas do Cristo, compreendendo-lhes as íntimas aflições e o menosprezo injusto de que se sentem objeto no mundo, ante os religiosos de todos os matizes, quase sempre especializados em regras de intolerância".

E foi com esse sentimento de bondade e compreensão que o Espírito do Apóstolo da Gentilidade estendeu as bênçãos do seu auxílio ao culto senador romano, quando de sua desencarnação na tragédia de Pompeia, continuando a ampará-lo espiritualmente em suas posteriores existências terrenas.

Emmanuel nunca mais o esqueceu, como afirma em sua mensagem. Na personalidade de Nóbrega, em homenagem ao Convertido de Damasco, chega a adiar a inauguração do Colégio de Piratininga, a que dá o nome de São Paulo, para o dia da conversão do Apóstolo, que a Igreja comemora a 25 de janeiro. Essa afirmativa, absolutamente exata, não é somente de Néio Lúcio, em sua mensagem que Chico Xavier psicografou. É mencionada pelos biógrafos do Padre Nóbrega, entre eles Serafim Leite, José Mariz de Morais, Tito Lívio Ferreira e Melo Pimenta.[7]

E um outro testemunho de amor ao grande filho de Tarso (e quantos outros desconhecemos?), Emmanuel ofereceu ao doar-nos a biografia do grande servidor de Deus, unindo sua história edificante à vida de outro luminar espiritual: *Paulo e Estêvão*.

Essa obra monumental que Francisco Cândido Xavier psicografou, publicada pela Federação Espírita Brasileira em 1942, já na 8ª edição neste 1970, é uma biografia autêntica do abnegado apóstolo de Jesus Cristo. Como diz Emmanuel, em sua *Breve Notícia* prefacial, o escopo da obra é "apresentar, antes de tudo, a figura do cooperador fiel, na sua legítima feição de homem transformado por Jesus Cristo e atento ao divino ministério".

---

(7) Seraim leite, S.I., *História da Comp. De Jesus no Brasil,* Inst. Nac. do Livro, Rio, 1949, vol. IX, págs. 421, 422; José Mariz de Morais, *Nóbrega, o Primeiro Jesuíta do Brasil,* Impr. Nac., Rio, 1940, pág. 126; Tito Lívio Ferreira, *Padre Manuel da Nóbrega, Fundador de S. Paulo,* Editora Saraiva, S. Paulo, 1957, págs. 167, 168; José de Melo Pimenta, *Fundação do Rio de Janeiro – A Decisão de Nóbrega,* Ed. Biblos, S. Paulo, 1965, pág. 63.

Oferecendo-o à família humana, seu iluminado autor deseja que "o exemplo do Grande Convertido se faça mais claro em nosso coração a fim de que cada discípulo possa entender quanto lhe compete trabalhar e sofrer, por amor a Jesus Cristo".

Dessa obra magnífica do grande benfeitor espiritual, pela qual o próprio médium sempre se sentiu singularmente atraído, disse o querido amigo Dr. Rômulo Joviano, devotado obreiro da antiga oficina de luz de Pedro Leopoldo e velho amigo de Emmanuel: "É o livro do trabalhador cristão".

5

PADRE MANUEL DA NÓBREGA, APÓSTOLO DO BRASIL

A REVELAÇÃO SOBRE A PERSONALIDADE DE NÓBREGA como uma das encarnações de Emmanuel veio, para um grupo de amigos íntimos, em Pedro Leopoldo, a 12 de janeiro de 1949.

Chegou aos nossos corações profundamente ungida de humildade, a mesma comovente humildade que resplandece nas declarações que se encontram no prefácio de *Há Dois Mil Anos,* a respeito do senador Lentulus.

É um abrir de coração, uma comovente confissão, qual só a sabem fazer as almas genuinamente despojadas de preconceitos e orgulhos, à semelhança do grande Santo Agostinho, a quem Nóbrega tão intensamente amou...

Foi com esta mensagem, a seguir transcrita, que Emmanuel nos deu a conhecer sua experiência humana no primeiro século de nossa história:

"O trabalho de cristianização, irradiando sob novos aspectos, do Brasil, não é novidade para nós.

Eu havia abandonado o corpo físico em dolorosos compromissos, no século XV, na Península, onde nos devotávamos ao "crê ou morre", quando compreendi a grandeza do País que nos acolhe agora. Tinha meu Espírito entediado de mandar e querer sem o Cristo. As experiências do dinheiro e da autoridade me haviam deixado a alma em profunda exaustão. Quinze séculos haviam decorrido sem que eu pudesse imolar-me por amor do Cordeiro Divino, como o fizera, um dia, em Roma, a companheira do coração.[8]

Vi a floresta a perder-se de vista e o patrimônio extenso entregue ao desperdício, exigindo o retorno à humanidade civilizada e, *entendendo as dificuldades do silvícola relegado à própria sorte, nos azares e aventuras da terra dadivosa que parecia sem fim, aceitei a sotaina, de novo, e por Padre Nóbrega conheci de perto as angústias dos simples e as aflições dos degredados.* Intentava o sacrifício pessoal para esquecer o fastígio mundano e o desencanto de mim mesmo, todavia, quis o Senhor que, desde então, o serviço americano e, muito particularmente, o serviço ao Brasil não me saísse do coração.

A tarefa evangelizadora continua. A permuta de nomes não importa.

---

(8) Referência a Lívia, esposa do senador Públio Lentulus, cuja vida de devotamento e abnegação Emmanuel descreve em *Há Dois Mil Anos.*

Cremos no Reino Divino e pugnamos pela ordem cristã. Desde que reconheçamos a governança e a tutela do Cristo, o nome de quem ensina ou de quem faz não altera o programa. Vale, acima de tudo, a execução..."

* * *

Como vemos, antes de reencarnar-se na obscuridade de Sanfins, em Entre-Douro-e-Minho, a 18 de outubro de 1517, quando ainda reinava em Portugal Dom Manuel, o Venturoso, aquele que iria chamar-se Padre Nóbrega visitou, em Espírito, o Brasil recém-descoberto, contemplou as florestas extensas, teve a visão do futuro, apiedou-se dos indígenas infortunados e amou a Terra de Santa Cruz que Cabral descobrira...

Em terras de Portugal e Espanha, tão logo reingressa na carne, prepara-se para a grande missão que Deus lhe reservara. Estudou na Universidade de Salamanca, bacharelou-se em cânones na Coimbra. Ingressando na Companhia de Jesus em 1544, cinco anos depois, designado por Dom João III, vem com Tomé de Souza para o Brasil. Aqui viveu vinte e um anos de dedicações silenciosas e ingentes sacrifícios, evangelizando os silvícolas, ajudando os governadores, pacificando alma, educando e servindo, apostolando e sofrendo. Colaborou grandemente na fundação de Salvador e do Rio de Janeiro. Fundou São Paulo em 1554. Foi conselheiro dos governantes e protetor dos abandonados, foi professor, pregador, médico, mentor esclarecido, político honesto, servidor de todos.

Primeiro Apóstolo do Brasil, na expressão feliz de Simão de Vasconcelos9, foi o nosso grande Manuel da Nóbrega, esse *inesquecível e tão ingratamente esquecido Manuel da Nóbrega,* na palavra igualmente justa do nosso grande historiador Capistrano de Abreu[10].

"Bom jurista, administrador de energia e clarividência, e homem de Deus" – assim o conceitua Serafim Leite[11].

Ao completar 53 anos, no dia 18 de outubro de 1570, prematuramente envelhecido, marcado por enfermidades e sofrimentos sem conta, desencarna o grande Nóbrega no Colégio do Rio de Janeiro, no antigo Morro do Castelo.

✳ ✳ ✳

Ainda sobre esse trabalhador infatigável que foi o Padre Nóbrega existe outra página, também psicografada por Francisco Cândido Xavier. Ditou-a, em Pedro Leopoldo, a 3 de agosto de 1949, o Espírito Cnéio Lucius.

De altíssimo valor e surpreendente beleza espiri-

---

(9) Simão de Vasconcelos, *Crônicas da Companhia de Jesus,* IV, págs. 137, 138.

(10) Capistrano de Abreu, *Ensaios e Estudos (Crítica e História),* 1932, pág. 337.

(11) Serafim Leite, S. I., *História da Comp. de Jesus no Brasil,* Inst. Nac. do Livro, Rio, vol. IX, pág. 3.

tual é a mensagem do venerando avô de Célia Lucius. Nela é traçado um confronto entre duas existências de nosso querido Emmanuel: a de Públio Lentulus, o legado de Tibério na Palestina, e a do Padre Manuel da Nóbrega, o primeiro apóstolo do Evangelho em nossa pátria. Ei-la:

"O Padre Nóbrega, indiscutivelmente, merece-nos a melhor atenção e carinho. Aí, na esfera da carne, é muito difícil ao educador a fundamentação de princípios para transmitir à mente infantojuvenil as tradições respeitáveis de quantos nos prepararam o ninho coletivo, na formação da Pátria.

Quantas vezes, na minha condição de professor[12], fui defrontado por esses problemas torturantes dos hiatos históricos que impossibilitavam a pintura verbal dos grandes amigos da nacionalidade no pretérito distante.

Aqui, no entanto, restabelecemos o espírito de sequência e confiando-nos às tarefas pedagógicas, libertos de muitas das convenções asfixiantes que aí nos esterilizam os melhores propósitos de ensinar com fidelidade, podemos operar verdadeira transformação em nossos métodos de serviço, ligando existências (quando é possível) de muitas personagens importantes do mundo numa só linha de evolução e realização, quanto nos é dado reunir na Terra diversas contas diferentes num

---

(12) Cnéio Lucius, em sua última encarnação foi um distinto e culto professor, havendo desencarnado no Brasil.

fio sempre igual; devidamente entendidos, é agradável comentar o esforço de Emmanuel, na vanguarda do serviço de evangelização pelo Espiritismo, nos domínios da língua portuguesa.

Vemos agora que a obra de qualquer natureza, quando merece a aprovação das autoridades superiores, cresce com o seu fundador. Nesse sentido, é importante meditar nos pontos de contato entre a vida de Manuel da Nóbrega e a de Públio Lentulus.

Pelo amor profundo, devotado por ele à inesquecível figura de Paulo, poderá você concluir das razões que levaram o esforçado jesuíta a dar nome do grande apóstolo à cidade que lhe mereceu especiais cuidados no lançamento, a ponto de esperar o aniversário da conversão do doutor de Tarso, em janeiro, para iniciar os primórdios da grande metrópole brasileira, colocando-a sob a proteção do amigo da gentilidade. É que também Paulo, na vida espiritual, jamais descansou. Quando o senador romano desencarnou, extremamente desiludido, em Pompeia, foi contemplado com os favores do sublime convertido. Paulo sempre se consagrou às grandes inteligências afastadas do Cristo, compreendendo-lhes as íntimas aflições e o menosprezo injusto de que se sentem objeto no mundo, ante os religiosos de todos os matizes, quase sempre especializados em regras de intolerância. Amparado pelo apóstolo dos gentios, conseguiu Públio Lentulus transitar nas avenidas escuras da carne, em existências várias, até encontrar uma posição em que pudesse servir ao Divino Mestre com o valor e com o heroísmo daquela que lhe fora companheira no início da era cristã. E assim temos, em Manuel da Nóbrega, o homem de raciocínio elevado, entregue a si mesmo em plena selva onde tudo se achava por fazer. Noutro tempo, os livros prontos e as tribunas construídas, os direitos de família preestabelecidos e o dinheiro fácil, a sociedade constituída e o pedestal do poder para brilhar. Aqui, porém, era a improvisação necessária e o deserto, as inibições do corpo deficiente que lhe apagavam a voz de tribuno e a insolência dos selvagens recordando as feras do circo, à frente dos quais devia imolar-se, consumindo as próprias forças para doar-lhes uma vida nova... Surgiam, ainda, a devassidão e o crime, a ignorância e a audácia, os perigos e ameaças mil, que o hábil político transformado em missionário deveria vencer, exibindo não mais a toga do poder e as armas dos seus guardas pessoais, e sim o sinal da cruz, sem mais ninguém que não fosse a sua pertinácia nos compromissos assumidos.

Entretanto, superou os óbices de toda espécie, lutou, sofreu e venceu, não para estagnar-se, mas para prosseguir, séculos adentro, insculpindo, com os poderes da ideia cristianizada, um povo diferente e um novo mundo dentro do mundo.

Você tem razão, emocionando-se ante o contato

revelador. Não é por acaso que isso acontece. Um trabalhador nunca opera só, na continuidade dos serviços.

Nóbrega podia ter vivido isolado no seu tempo, contudo, desde cedo, agregaram-se a ele multidões de amigos, exaustos de mando, de poder e dominação, e a teia dos destinos vai convertendo em trabalho para a coletividade tudo o que era cristalização do "eu", em luz quanto era sombra, em libertação espiritual o que era cárcere físico.

Da rocha emerge o d'iamante, no curso dos milênios. Também a luz divina fluirá de nós outros, um dia, quando a escória estiver abandonada no carvão, que servirá de berço a outros diamantes no curso longo e paciente das eras.

O serviço do nosso amigo está longe de acabar. É preciso criar espírito para o gigante – costuma dizer. O gigante é a terra em que hoje nos situamos e o espírito é a luz com que devemos continuar erguendo os padrões de fraternidade mais alta e de mais avançado serviço com Jesus, no Brasil todo.

Prossigamos, marchando à frente... Anos e dias correrão. Estejamos certos da brevidade de tudo o que se movimenta sobre a Terra, para agirmos com segurança e paciência.

Para construir, é preciso lutar. E, para colher, é indispensável haver semeado."

6

PADRE DAMIANO: MISSÃO NA ESPANHA E NA FRANÇA

AQUELE QUE LER *RENÚNCIA,* O QUARTO ROMANCE ES-crito por Emmanuel[13], que nos revela a vida de um sublime coração feminino – Alcione Vilamil Davenport, encontrará uma figura nobre e simpática de sacerdote, o Padre Damiano, vigário da Igreja de São Vicente, em Ávila, a gloriosa cidade de Santa Teresa de Jesus.

Desencarnado em 1570 no Rio de Janeiro, o magnânimo Padre Manuel da Nóbrega, atendendo a objetivos espirituais, que sempre expressam os desígnios divinos, renasce cerca de cinquenta anos depois na acolhedora terra espanhola, onde prossegue em sua missão, conjugando amor e sabedoria, no estrênuo caminho da humanidade cristã. É o Padre Damiano, o fiel amigo da família Davenport, o sacerdote esclarecido e

_____

(13) F. C. Xavier, *Renúncia,* romance de Emmanuel, editado em 1943 pela Federação Espírita Brasileira.

dedicado que Alcione, um anjo nas sombras deste mundo, considerava seu segundo pai...

John Crowper Powys nos ensina como devemos ler o bom livro, o grande livro: "muito solitariamente, cuidadosamente, demorando em cada página, saturando-nos com a sua atmosfera até tê-lo incorporado ao nosso imo".

É assim que se deve ler *Renúncia,* obra opulenta de espiritualidade e de beleza. É assim que se devem ler todos os livros de Emmanuel.

No romance de Alcione, lido como o quer Powys, poderemos perceber o continuísmo psicológico que liga a missão de Manuel da Nóbrega no Brasil a do Padre Damiano, em suas atividades na Espanha e na França, e a grande obra espiritual de Emmanuel, na atualidade, junto à comunidade brasileira, novamente.

Sempre a mesma dedicação ao próximo, sempre a mesma clarividência atingindo extremos horizontes, engolfando-se no futuro. Mas tudo silenciosamente, nunca buscando promoção ou destaque, pelo contrário, em alicerces da mais entranhada humildade, como quem serve a Deus e não a si mesmo.

Isso poderemos sentir se estudarmos a vida de Nóbrega, se conferirmos no coração os sentimentos do Padre Damiano, se bebermos da água pura das fontes de Emmanuel. Para essa encantadora e proveitosa experiência, estas páginas singelas são um convite ao leitor, na impossibilidade de um estudo mais amplo, que não é o objetivo dessas reminiscências...

Apenas alguns breves apontamentos sobre a figura encantadora do sacerdote de Ávila, que a humildade do autor de *Renúncia* não conseguiu ocultar.

Já atingia Damiano seus cinquenta anos quando se encontrou com a meiga Alcione, "um anjo em trânsito pela Terra", no lar humilde de Madalena Vilamil Davenport. Um reencontro de almas, como sói acontecer nos caminhos terrenos, sob a bênção da Divina Providência.

Madalena fala de seu desejo de obter as derradeiras notícias de Cirilo, seu esposo, idealizando uma viagem à América distante.

O pároco de S. Vicente, aprovando a ideia, responde:

"– Sempre acalentei o desejo de compartilhar dos trabalhos missionários na América..." (pág. 171).

Dois anos depois desse primeiro diálogo – lê-se em *Renúncia* – "o religioso amigo vivia sempre na expectativa de uma surtida à América" (pág. 183).

Quase três lustros mais tarde, Damiano ainda manifestava, junto à família Vilamil, "ardentes propósitos relativos a uma possível missão religiosa nas terras do Novo Mundo" (pág. 217).

Algum tempo depois, comentando a vinda para Ávila de seu sobrinho, o Padre Carlos, reitera os mesmos propósitos: "ainda não renunciei ao antigo ideal de uma excursão à América" (pág. 224).

Esses trechos de *Renúncia* revelam como e quanto estava vivo no espírito do sacerdote de Ávila aquele amor à terra nova da América, o amor de Nóbrega ao Novo Mundo...

Padre Damiano "recordava", "sentia" no infraliminar de sua consciência, naturalmente sem nitidez de contornos, sua recente encarnação anterior no Brasil, nesse Brasil que ele começara a amar ao preparar-se para sua experiência na personalidade de Nóbrega, tal como já vimos na mensagem do mesmo Emmanuel sobre o assunto...

* * *

Outro ponto tangencial: Damiano lutou, dentro de seu invariável padrão de nobreza e equilíbrio, contra a prepotência organizada dos Estigarríbias, cruéis mercadores de escravos, com a mesma coragem com que, na personalidade de Nóbrega, no século anterior no Brasil, defendia os direitos e a liberdade dos indígenas. Sempre sereno, mas enérgico. Admiravelmente tranquilo, mas destemido e corajoso. Basta ler *Renúncia*. Basta recordar Nóbrega na Bahia, ou junto a Estácio de Sá, ou fundando São Paulo, ou pacificando os tamoios, ou salvando o Rio de Janeiro da dominação estrangeira – em todo o contexto histórico de sua presença no primeiro século de nossa civilização.

"Deus cria a vida, não o cativeiro...". "Poderá alguém insistir na obtenção da paz, quando ainda disputa a ferro e fogo a posse de bens perecíveis? Chegará alguém à esfera dos anjos quando ainda não chegou a ser homem?" – são lições do esclarecido vigário de Ávila. Esses pensamentos alados que sobejam, para nossa edificação, nas páginas de *Renúncia,* parecem ter vindo das vivências, das lutas, dos sacrifícios de Nóbrega em favor do gentio humilhado e escravizado, por cujos direitos humanos o Primeiro Apóstolo do Brasil tão firmemente lutou.

E lutou bravamente, enfrentando, com as armas da não violência, as poderosas forças da época, quer a hierarquia eclesiástica, que não compreendia seu idealismo e seu desprendimento dos bens materiais, quer os colonizadores ávidos, escravizadores de índios. Daí as queixas, as calúnias, as perseguições contra o heroico missionário. "As queixas contra Nóbrega provinham do seu temperamento e caráter aberto, enérgico, desprezador de cálculos humanos." É o que dele diz o grande historiador Serafim Leite[14].

---

(14) Serafim Leite, *op. Cit.,* II, 465.

Em *Renúncia,* podemos ler este trecho:

"Acabrunhada por ver-se incompreendida, Alcione reviu mentalmente *a figura do Padre Damiano, relembrou a sua franqueza, que chegava a ser quase áspera,* e certificou-se de que necessitava de muita energia para defender-se dignamente naquele lance" (pág. 317).

Numa de suas entrevistas com o médium Xavier, constante de seu excelente livro *No Mundo de Chico Xavier,* o Dr. Elias Barbosa lhe fez a seguinte pergunta: "Conseguiria dizer em que matéria Emmanuel é mais exigente com você, na qualidade de educador?

A resposta, sincera como sempre, do humilde Chico foi a seguinte, a confirmar-nos o límpido e valoroso feitio moral de Emmanuel:

"No trato com os outros, porque diz ele que no trato com o próximo a luz do Evangelho de Jesus deve ser comunicada de quem fala para quem ouve. Quando converso com qualquer pessoas em voz áspera, com impaciência, com agressividade, com anotações de maledicência ou com azedume, ele deixa passar os meus momentos infelizes e, depois, principalmente quando entro em meditações e preces da noite, *ele me repreende severamente, lamentando as minhas faltas*[15].

Esse paralelismo evidencia que a nobreza de cará-

---

(15) Elias Barbosa, *No Mundo de Chico Xavier,* Araras, SP, IDE Editora.

ter de Públio Lentulus, embora seus defeitos humanos, continua em Nestório, mas já iluminada e aperfeiçoada pela experiência da fé cristã. Acentua-se, permeando séculos e reencarnações, na alma abnegada de Nóbrega, o benemérito missionário. Acrisola-se, nessa continuidade psicológica, espiritual, na vida humilde do Padre Damiano, tanto quanto resplende, hoje, no coração de Emmanuel, como seus livros mediúnicos testemunham suas realizações de amor em prol dos que sofrem – monumentos de sabedoria e espiritualidade –, sua admirável capacidade de comunicação, seu pensamento lúcido e sincero.

Não é propósito deste singelo trabalho alinhar, um por um, os pontos de contato das diversas existências terrenas de Emmanuel aqui referidas. Fugiria isso ao escopo deste opúsculo. Apenas alguns episódios são recordados, à vol d'oiseau, para mostrar a sequência lógica do processo evolutivo de uma nobre alma, que merece de todos nós o mais alto respeito e a mais profunda gratidão.

Em páginas adiante, em modestos comentários sobre o sentimento de amor e o elevado saber de Emmanuel, ainda o leitor poderá observar a espiral evolutiva de um caráter desassombrado e ricamente dotado de sentimentos cristãos.

✳✳✳

"Nos derradeiros anos, andava já (Nóbrega) muito fraco em São Vicente[16], com as muitas doenças que levou da Bahia..." — diz Anchieta em sua biografia de Nóbrega, a primeira que escreveu e que devemos ao seu grande discípulo, secretário e filho espiritual[17].

O próprio Nóbrega, numa carta escrita da Bahia, em 1557, (contava, pois, quarenta anos de idade) confessa com sua proverbial sinceridade: "... a mim me devem já ter por morto, porque, ao presente, fico deitando muito sangue pela boca; o médico de cá ora diz que é veia quebrada, ora que é do peito, ora que pode ser da cabeça; seja donde for, eu o que mais sinto é ver a febre ir-me gastando pouco a pouco".[18]

"... e deitando um pouco de sangue pela boca, expirou exatamente no dia em que completava cinquenta e três anos, 18 de outubro de 1570" — escreve Mariz de Morais[19].

"Envolve-o sempre o mesmo fluido espiritual de seu amor cristão pela pobre humanidade. Por mais de quinze anos vivera 'muito chegado à morte', sempre

---

(16) São Vicente, a primeira cidade brasileira, onde Nóbrega tão intensamente trabalhou e onde planejou a fundação de "uma cidade", o que de fato aconteceu no ano seguinte (1554 – fundação de São Paulo). Interessante observar que a paróquia do Padre Damiano, um século depois, em Ávila, é também a de S. Vicente.

(17) Anchieta, *Cartas,* págs. 477 e segs.

(18) Manuel da Nóbrega, *Cartas do Brasil* – (1549-1560), Ofic. Ind. Gráfica, Rio, 1931, pág. 176.

(19) José Mariz de Morais, *Nóbrega,* Impr. Nac., Rio, 1940, pág. 212.

'deitando muito sangue pela boca', sofrendo, penando e morrendo". São palavras do historiador paulista Tito Lívio Ferreira[20].

Os ilustres biógrafos de Nóbrega, Serafim Leite, Mariz de Morais e Tito Lívio Ferreira, falam-nos dos últimos dias do apóstolo no Rio de Janeiro, onde viveu os três últimos anos de sua vida terrena.[20-a]

Todos se referem a um fenômeno premonitório, a derradeira marca da comunhão espiritual que o grande missionário sempre manteve com o Plano Superior.

O Padre Nóbrega percebeu que sua vida física chegara ao fim. As hemoptises haviam cessado... "O sangue, que havia muitos anos lançava pela boca, para", diz Serafim Leite.

No dia 16 de outubro de 1570, desceu do Colégio e foi visitar os amigos, de casa em casa. De todos se despediu, disse adeus a todos. Declarava estar de partida para *sua Pátria*. Naturalmente, todos estranhavam suas palavras, pelo fato de não haver nenhum navio no porto. Mas ele explicava, apontando *para o céu*. Era o céu a Pátria sua, a Pátria a que se referia...

Retornou ao Colégio. No dia seguinte, ao entar-

---

(20) Tito Lívio Ferreira, *Padre Manuel da Nóbrega,* Edição Saraiva, São Paulo, 1957, pág. 245.

(20-a) Cf. Serafim Leite, *op. cit.,* vol. IX, pág. 430; Tito Lívio Ferreira, *op. cit.,* pág. 246; José Mariz de Morais, *op. cit.,* págs. 211/212.

decer, sentiu fortes dores, recolhendo-se ao leito. No dia 18 de manhã, confirmando sua premonição, partiu para *sua Pátria*. No mesmo dia em que completava 53 anos. Era o dia 18 de outubro de 1570...

* * *

Passemos agora a breves citações de *Renúncia,* obra em que podemos conhecer algo a respeito da reencarnação imediatamente seguinte de Nóbrega, recolhendo alguns ensinamentos seus a respeito do sofrimento humano, entre dores e aflições que se repetiram...

"O velho sacerdote (Damiano), contraindo inesperadamente implacável moléstia dos pulmões, definhava dia a dia" (pág. 255).

Madalena Vilamil foi quem deu a triste notícia à angélica Alcione:

"– Teu otimismo é contagioso – murmurou mais tranquila. – No entanto, com referência ao padre Damiano, tenho triste nova a dar-te. O reverendo Amâncio esteve aqui, na tua ausência, para cientificar-nos do seu estado. O médico já perdeu as esperanças, pois afirma que o velho amigo está tísico e terá poucos meses de vida" (pág. 258).

E, mais tarde, quando se aproximava a hora da libertação do venerável Damiano, Madalena, Alcione e

Robbie, avisados, estavam presentes no quarto humilde do presbitério de São Jacques do Passo Alto.

Ante a pergunta angustiada da mãezinha de Alcione – Que é isso, padre? – o moribundo ainda pôde deixar aos seus bons amigos de Castela Velha sua mensagem derradeira sobre o sentido da dor e da morte:

"– A moléstia incurável, Madalena, é um escoadouro bendito de nossas imperfeições. Que seria de minha alma se a moléstia do peito não me ajudasse a expungir os maus pensamentos? Quantos bens ficarei devendo à solidão e ao sofrimento? O Senhor que mos deu lhes conhece o inestimável valor. Eu, que não chorava havia muitos anos, alcancei novamente o benefício das lágrimas... Muitas vezes, ensinei do púlpito, mas o leito me reserva lições muito maiores que as dos livros..." (pág. 307).

Após longa pausa, continuou, murmurando, traduzindo a certeza da vida futura – *a pátria* de Nóbrega:

"– O catre amigo e silencioso me trouxe a *recordação* de todos os júbilos e dores que ficaram no passado distante... Sem conseguir adaptar-me a esta vida de Paris, tenho vivido quase que absolutamente das nossas velhas lembranças de Espanha. Tenho grande saudade da nossa vida tranquila em Ávila; dos fraternos serões da Chácara; dos colegas da igreja de São Vicente... mas estou certo, Madalena, de que a vida não acaba com o corpo e convencido de que Deus nos reunirá, em outra parte, onde não haja prantos, nem morte... Há diversas noites que sou visitado pela sombra dos entes amados que me antecederam no túmulo... Ainda hoje, depois da última hemorragia, enxerguei o vulto de minha mãe a dizer-me palavras de consolação e coragem... Algumas crianças amadas lá da nossa igreja antiga de Castela, falecidas há muito tempo, vieram-me ver a noite passada e me abraçaram com carinho... Amâncio pensa que estou sendo vítima de pesadelos, dado o meu esgotamento físico, mas eu não posso concordar..." (pág. 307)

Na madrugada do dia seguinte, assistido pelo carinho da filha abençoada de Cirilo Davenport, "o velho Damiano verteu a última lágrima e entregou a alma ao Criador".

∗∗∗

Aqui tens, caro leitor, esparsas e desarrumadas, algumas notícias e reminiscências de um sábio condutor de almas – um grande coração, nobre e belo – Emmanuel.

Rematando este capítulo e esta I Parte, posso repetir-te as palavras com que o filósofo Montaigne encerrou uma de suas conferências: "Fiz um ramalhete apenas, de flores colhidas, e nada acrescentei a não ser o fio que as reúne".

II

AMOR DE EMMANUEL

*Um novo mandamento vos dou:
que vos ameis uns aos outros.*

JESUS
(Ev. de João, 13:34)

Uma bondade imensa tombava do firmamento.

VICTOR HUGO
(La Légende des Siècles)

1

O EXEMPLO DE CRISTO

UM VELHO PROVÉRBIO ORIENTAL NOS ENSINA QUE "A boca do sábio está no seu coração".

Essa verdade bem se ajusta ao espírito e ao ministério de Emmanuel: ele, por meio de seus livros, com que a psicografia de Francisco Cândido Xavier enriqueceu o mundo, fala-nos segundo seu coração, cumprindo a afirmativa de Jesus: "da abundância do coração fala a boca" (Lucas, 6:45).

Emmanuel não é, porém, apenas um coração que articula a palavra do bem ou sabe comunicar-se com a família humana. É uma alma que fez doação de si mesma, em oblata de amor a Deus, a serviço do próximo.

Na verdade, não há lugar para fissuras em seu ministério de amor e sabedoria. Impossível qualquer discriminação entre sua obra de educação das almas, através da sementeira mediúnica, e o outro aspecto de sua missão junto aos sofredores que o buscam por intermédio do coração igualmente venerável de seu instrumento terreno, o servo fiel Chico Xavier.

Assim, não é só "a boca do sábio que está no seu coração", em seu magistério de sabedoria. De seu coração enobrecido pela obediência ao Divino Mestre partem também todas as motivações de seu grande trabalho de socorro ao mundo angustiado, trabalho que ele realiza, como sabemos, ao lado de outros Espíritos Sábios e Benevolentes quais ele mesmo.

É o que ele faz e ensina a fazer: unir o conhecimento ao serviço do bem, quais asas de amor e sabedoria, para que a alma possa librar-se nas ascensões da evolução. "A voz compassiva e fraternal que ilumina o Espírito é irmã das mãos que alimentam o corpo", adverte ele.

Esclarecendo aqueles que "de vez em vez, afirmam-se contra a beneficência, alegando que, enquanto nos consagramos ao socorro material, esquecemos os nossos deveres na iluminação do Espírito", Emmanuel, em sua mensagem "Jesus em Ação"[21], contesta, um por um, seus argumentos, para concluir, com amor e sabedoria:

---

(21) Psicografada por Chico Xavier em reunião pública, na noite de 24 de maio de 1968, na Comunhão Espírita Cristã, em Uberaba, e publicada por *A Flama Espírita,* da mesma cidade, em 7de setembro de 1968.

"Sem dúvida, é obrigação nossa colocar, acima de tudo, a obra educativa do Espírito eterno, mas é importante lembrar que o próprio Cristo se empenhou a alimentar a multidão faminta, ao ministrar-lhe as Boas Novas da Salvação, de vez que não há cabeça tranquila sobre estômago atormentado.

Compreendamos isso e, quanto nos seja possível, entreguemo-nos à escola do amparo fraterno, com todas as nossas forças, reconhecendo que estamos cada vez mais necessitados de caridade, em todos os sentidos, de uns para com os outros, a fim de revelarmos que o Espiritismo é realmente Jesus em ação."

✳✳✳

Por isso, caro leitor, na singeleza que ajunta estas páginas, busco reunir alguns fatos e depoimentos que testemunham a bondade de Emmanuel, seu devotamento ao bem nos passos de Jesus, seu grande amor pelo próximo, amor invariavelmente aureolado de sabedoria espiritual, a refletir, para ventura nossa, o Amor e a Sabedoria de Deus.

2

ITINERÁRIO DA CARIDADE

LEMOS, NO TRECHO TRANSCRITO DA MENSAGEM *JESUS em Ação,* que "estamos cada vez mais necessitados de caridade, em todos os sentidos, de uns para com os outros."

E essa multiforme caridade tem Emmanuel exercido, ao longo de abençoado itinerário, de modo sensível para nós desde o despontar da mediunidade de Francisco Cândido Xavier.

São socorros de várias espécies, ministrados por ele ou por outros amigos espirituais sob sua direção: a uns, o medicamento aconselhado; a outro, a orientação moral necessária. Uns recebem dele a palavra confortadora, escrita ou oral, através do seu instrumento mediúnico. Outros são socorridos em suas enfermidades, através de recursos espirituais – o tratamento mediúnico, o passe revigorante, a indicação do estudo doutrinário, a água magnetizada, a oração intercessora...

Chico Xavier, desde o início de seu ministério mediúnico, sempre sob a orientação esclarecida de Emmanuel, buscou exercer sua missão de psicógrafo – sua tarefa principal – e atender simultaneamente aos sofredores e necessitados que sempre lhe buscaram o amparo e a orientação.

A todos Emmanuel sempre atendeu, dentro das possibilidades do seu médium e naquilo que for justo, evidentemente.

Com mais de trinta anos de convívio com o devotado medianeiro, pessoalmente e através de correspondência, como já relatei[22], tenho sido testemunha, entre muitas e muitas, do grande e compassivo amor que o Espírito Emmanuel consagra aos sofredores que lhe batem à porta do coração magnânimo.

Presenciei-lhe incontáveis gestos de bondade e não posso medir as extensões de sua dedicação.

Dois dias longínquos de Pedro Leopoldo, quando Chico era humilde funcionário da Fazenda Modelo, dirigida, então, pelo Dr. Rômulo Joviano, seu chefe de serviço (e mais tarde presidente do Centro Espírita Luís Gonzaga), desses dias distantes, guardo uma ex-

---

(22) Em *Trinta Anos com Chico Xavier*, Araras, SP, IDE Editora.

pressão feliz que bem define o trabalho assistencial do mentor do médium Xavier.

A sentença feliz é do Dr. Rômulo: "Nunca ninguém bateu à porta de Emmanuel que não fosse atendido..."

Absolutamente verdadeiro. Assisti a trabalhos de terapia espiritual, sob a égide de Emmanuel e de outros Benfeitores Espirituais em Pedro Leopoldo, no Centro Luís Gonzaga e no Grupo Meimei. E, posteriormente, na Comunhão Espírita Cristã, de Uberaba.

Recordo-me de que, numa de minhas primeiras visitas a Pedro Leopoldo, carinhosamente hospedado pelo querido Chico, pude acompanhar de perto todo um processo de tratamento espiritual de uma jovem obsessa. Trouxera-a o próprio pai, um senhor idoso e simpático, rico fazendeiro do interior paulista. A moça, segundo o relato paterno, era vítima de cruel processo obsessivo.

Era doloroso vê-la naquele estado de completa alienação mental, de abulia generalizada, sustentada pelo velhinho, que era uma imagem de angústia.

Sob a orientação de Emmanuel, o médium Xavier solicitou ao aflito ancião que permanecesse em Pedro Leopoldo alguns dias, confortando-o, como ele tão bem o faz, com o espírito do mais puro amor evangélico. A jovem foi submetida, através da instrumentalidade de Chico, a passes magnéticos e ao uso da água fluidificada, havendo, em companhia do progenitor, assistido às reuniões do Centro Espírita Luís Gonzaga. Passados três dias, se bem me lembro, estava recuperada, restituída pelo poder espiritual à plena normalidade de sua vida.

Impossível descrever a alegria do afetuoso pai. Homem abastado, mas desconhecendo totalmente os princípios da Doutrina Espírita quanto à mediunidade gratuita, quis recompensar o humilde Chico com uma dádiva de avultada quantia. Não foi difícil, entretanto, convencer o rico fazendeiro da excelência do mandamento de Cristo: "dai de graça o que de graça recebestes". Provou que não era rico apenas de bens materiais, mas dotado de bom senso e humildade; não resistiu às palavras mansas de Chico, que delicadamente, como sempre o fez, recusou a oferta pecuniária, oferecendo-lhe, na permuta do amor cristão, um afetuoso abraço, no ambiente de alegria e gratidão a Deus, que enchia nosso coração...

***

Jorge Rizzini, em seu excelente livro *Escritores e Fantasmas*[23], transcreve uma entrevista do escritor Edgard Cavalheiro concedida ao poeta e jornalista Eurícledes Formiga e publicada, sob o título – *Chico*

---

(23) Jorge Rizzini, *Escritores e Fantasmas,* Ed. Dif. Cultural, São Paulo, s/d, págs. 196 e segs.

Xavier, um homem-símbolo –, na "Folha da Noite", de São Paulo, a 7 de fevereiro de 1956.

Nessa entrevista, o biógrafo de Monteiro Lobato e Fagundes Varela, ao lado de interessantes observações sobre o médium, que ele conheceu pessoalmente, pois várias vezes visitou Pedro Leopoldo, narra outro fato de cura espiritual:

"Um dia, em Pedro Leopoldo, três soldados traziam, com muito esforço, um possesso que resistia de maneira impressionante. Vi o Chico aproximar-se e mansamente colocar a mão sobre a cabeça do louco, que se transformou num cordeiro, de tão tranquilo. Confesso que fiquei profundamente admirado, quase não acreditava no que via. A força que emana desse homem, de sua bondade de santo, é algo de inexplicável. *E ele afirma que Emmanuel é que lhe dá tamanha força*". (O grifo é meu.)

✳ ✳ ✳

Interessante notar que os biógrafos de Nóbrega, especialmente Antônio Franco, referem-se a diversos fenômenos, autenticamente mediúnicos, que o valoroso sacerdote enfrentou, ainda em Portugal, antes de sua missão no Brasil.

Em Guarda, cidade da Beira Alta, o Padre Nóbrega libertou uma pobre mulher, vítima de poderoso malfeitor espiritual, de cruel obsessão: "uma mulher, na qual um demônio íncubo tinha grande senhorio e por meio do Padre foi livre" – diz o biógrafo.

E acrescenta ainda que, afastado o temível adversário, o Padre Nóbrega chegou a vê-lo posteriormente, como ele mesmo declara: "... estando eu de noite só na casa da Misericórdia, que é hospital tudo junto, onde havia muitas túnicas e tumbas, imaginava-se-me que o via e quis Nosso Senhor mais prover a minha pouquidade que olhar a minha temeridade, com o que eu pedi."[24]

Como vemos, vem de longe o trato de Emmanuel com os pobres sofredores, vítimas do domínio de forças invisíveis inferiores. E eles sempre receberam do grande missionário o socorro de sua caridade e de seu poder espiritual

* * *

Esses serviços de desobsessão, quer em Pedro Leopoldo, quer em Uberaba, se têm reproduzido vezes sem conta. E sempre sob a orientação amorosa e esclarecida de Emmanuel.

Não são, entretanto, tão só os necessitados da família humana que recebem o socorro do Alto, através

---

(24) Antônio Franco, "A Vida de Nóbrega", *in Cartas do Brasil,* de Manuel da Nóbrega, Ofic. Ind. Gráfica, Rio, 1931, págs. 27, 28.

desses serviços assistenciais. Legiões de desencarnados sempre foram beneficiados nas sessões de desobsessão e nas reuniões de oração.

Nos primeiros tempos – contou-me o Chico –, eram poucos os assistentes às reuniões do "Luís Gonzaga". Muitas vezes, por motivo da ausência do casal Perácio, ou enfermidade de D. Geni (esposa de seu irmão José Cândido), ou falta do mano ou de outro companheiro, o médium de Emmanuel abria a porta da pequena sala de sessões e fazia, sozinho, as leituras doutrinárias e as preces em favor dos desencarnados sofredores... Muita vez, só o velho cão *Lord* entrava com o Chico na sala humilde: aquietava-se sob a mesa, aos pés do médium e o serviço espiritual era iniciado e se cumpria como se na presença de uma grande assistência...

Nosso confrade Ramiro Gama, em seu belo volume *Lindos Casos de Chico Xavier*[25], também se refere a essa "solidão aparente" e observa:

"Foi assim que, por muitos meses, de 1932 a 1934, o Chico abria o pequeno salão do Centro e fazia a prece de abertura, às oito da noite em ponto.

Em seguida, abria *O Evangelho Segundo o Espiritismo,* ao acaso, e lia essa ou aquela instrução, comentando-a em voz alta.

---

(25) Ramiro Gama, *Lindos Casos de Chico Xavier,* Ed. Lake, São Paulo, 5ª ed., págs. 68, 69.

Por essa ocasião, a vidência nele alcançou maior lucidez.

Via e ouvia dezenas de almas desencarnadas e sofredoras que iam até o grupo, à procura de paz e refazimento.

Escutava-lhes as perguntas e dava-lhes as respostas *sob a inspiração direta de Emmanuel"*. (O grifo é meu.)

* * *

Conheci o humilde templo de Emmanuel em Pedro Leopoldo. Visitei-o inúmeras vezes. Inefáveis bênçãos espirituais, e muitas, ali recebi, por misericórdia do Alto...

Era uma sala modesta, na residência de José Cândido Xavier, o irmão devotado de Chico, de quem disse o saudoso amigo Manuel Quintão: "José é bem o irmão germano e espiritual do Chico. Pode-se dizer que Deus os fez e Emmanuel os juntou."[26]

Bancos rústicos, sem recosto, contornavam uma grande mesa, coberta por alva toalha. Mãos reconhecidas ao devotado instrutor espiritual haviam bordado, em grandes e singelas letras vermelhas, em versal, o nome EMMANUEL. Um jarro d'água para ser mag-

---

(26) M. Quintão, *Romaria da Graça,* Ed. FEB, 1939, pág. 13.

netizada pelos amigos invisíveis, alguns copos, livros e lápis, às vezes flores... Tudo simples, extremamente pobre e simples, naquela sala do lar de José, oficina durante as horas do dia, santuário de Emmanuel nas noites de comunhão espiritual...

Ambiente humilde, impregnado de espiritualidade e de paz, abençoado pela inspiração protetora de Inteligências santificadas e enobrecidas. Foi nesse recanto de graças que o humilde e disciplinado Chico Xavier recebeu uma boa parte das mensagens e dos livros que iniciam sua grande bibliografia mediúnica.

Foi esse recinto inesquecível que o sábio Espírito André Luiz frequentou, na condição de discreto aprendiz, assistindo às sessões dirigidas por Emmanuel, ambientando-se com as atividades espíritas *do lado de cá,* durante dois anos consecutivos, antes de escrever o primeiro de seus magníficos livros, *Nosso Lar.*

Quantas bênçãos, quantos silenciosos socorros do Alto, quanto carinho fraterno, quantos estímulos e luzes para o caminho terrestre foram ampla e caridosamente distribuídos na Casa de Luís Gonzaga, entre enfermos e aflitos, entre obreiros da Doutrina e corações sem rumo, entre almas valorosas e Espíritos penitentes! Todos sempre receberam, um a um, os auxílios divinos através do carinhoso amparo de Emmanuel e de outros Benfeitores do Mundo Maior.

Muda-se a sede do "Luís Gonzaga", por imposição da multiplicidade de tarefas, em constante expansão, para um prédio mais amplo. Muda-se, por necessidade de saúde, o próprio médium para Uberaba, inaugurando a Comunhão Espírita Cristã, novo celeiro de bênçãos divinas. Mudam-se os tempos... mas a obra de Emmanuel tem prosseguido sempre, no mesmo ritmo de trabalho incessante, na mesma dinâmica de realizações altruístas e valorosas, iluminando consciências, confortando corações, estendendo o Reino de Deus...

São enfermos pobres, andrajosos e tristes, socorridos com o medicamento e a roupa, a palavra de reconforto e o abecedário do Evangelho desconhecido. São humildes viúvas, de lábios trêmulos, dos quais volta a desabrochar um sorriso, ao verem seus filhinhos socorridos. São crianças que recebem, felizes, o carinho e os ternos conselhos do "tio Chico". São corações juvenis, parecendo inadaptados ao tumulto do mundo moderno, que ganham vigoroso impulso do Alto com a palavra inspirada do médium fiel, a fim de que possam tornar proveitosa uma difícil encarnação terrena. São pobres mulheres que emergiram, desiludidas e nauseadas, do submundo da ilusão e da queda e que reencontram uma vida nova, de dignidade e trabalho. São corações em lágrimas que, através da mensagem psicografada, restabeleceram contato com seres amados que os precederam no Além. São companheiros insatisfeitos, saturados de cultura terrestre, que abandonam concepções materialistas e lobrigam as novas dimensões do Espírito. São confrades distanciados do serviço espiritual e da mordomia cristã que descobrem o júbilo da cooperação e das boas obras. São almas sinceras, mas sem bússola, que encontram a estrada que conduz à Vida. São peregrinos cansados que se reabastecem de esperança e coragem para os últimos passos da viagem terrena. São jovens e velhos, ricos e pobres, homens e mulheres, iletrados e intelectuais, filhos da sombra e buscadores da luz... todos, literalmente todos, a receberem do grande coração de Emmanuel, em nome de Jesus Cristo, uma bênção para o caminho...

Aquele itinerário de luz e amor que o *príncipe Nóbrega,* como o exalta Afrânio Peixoto[27], traçou, um dia, quando pronunciou as célebres palavras – *esta terra é nossa empresa* – vem prosseguindo, sem interrupções e sem desvios, através dos anos e dos séculos, no trabalho da caridade e no serviço do livro, alimentando cérebros e almas, buscando atingir as metas da missão.

Vinculado ao grande alvo do Cristo, Senhor da Terra – que é a redenção espiritual da raça humana –, o escopo de Emmanuel é, sem dúvida, a transformação do Brasil, sob a égide de Ismael, em verdadeira Pátria do Evangelho e Coração do Mundo.

---

(27) Serafim Leite, *Novas Cartas Jesuíticas,* Brasiliana, vol. 194, Cia. Ed. Nac., São Paulo, 1940 – Prefácio de Afrânio Peixoto, pág. 8.

3

TESTEMUNHOS DA GRATIDÃO

SÃO INCONTÁVEIS. IMPOSSÍVEL RELACIONAR NESTAS PÁginas os testemunhos de todos os corações agradecidos ao generoso Espírito Emmanuel.

Justo citar, em primeiro lugar, a palavra de seu instrumento mediúnico, o abnegado Chico Xavier.

A mais antiga declaração do querido médium aparece nas primeiras páginas do livro *Emmanuel:*

"Para mim, tem sido ele de incansável dedicação. Junto do Espírito bondoso daquela que foi minha mãe na Terra, sua assistência tem sido um apoio para o meu coração nas lutas penosas de cada dia.

Muitas vezes, quando me coloco em relação com as lembranças de minhas vidas passadas e quando sensações angustiosas me prendem o coração, sinto-lhe a palavra amiga e confortadora. Emmanuel leva-me, então, às eras mortas e explica-me os grandes e pequenos porquês das atribulações de cada instante. Recebo, invariavelmente, com a sua assistência, um conforto indescritível, e assim é que renovo minhas energias para a tarefa espinhosa da mediunidade, em que somos ainda tão incompreendidos."[28]

Já tive oportunidade de declarar que, por muitas vezes, ouvi do nosso caro Chico este apontamento: "Tenho o nosso Emmanuel não só como um amigo e orientador, mas também como um verdadeiro pai para mim, no Mundo Espiritual".[29]

Numa das entrevistas obtidas do médium Xavier pelo Dr. Elias Barbosa, o culto médico e escritor mineiro anotou idêntica resposta do nosso psicógrafo a uma pergunta sua:

"– Acha que ele (Emmanuel) tem sido para você o amparo que o professor representa, em si, para o aluno?

– Muito mais que isso. Ele tem sido para mim um verdadeiro pai na Vida Espiritual, pelo carinho com que me tolera as falhas e pela bondade com que repete as lições que devo aprender."[30]

∗∗∗

---

(28) F. C. Xavier, *Emmanuel,* Ed. FEB, 2ª Ed., 1938, pág. 16.

(29) Em *Trinta anos com Chico Xavier,* Edição Calvário, São Paulo, 1967, pág. 210.

(30) Elias Barbosa, *No Mundo de Chico Xavier,* Edição Calvário, São Paulo, 1968, pág. 62.

O querido amigo e confrade Joaquim Alves, valoroso obreiro da Doutrina Espírita em Matão, cooperando na *Revista Internacional do Espiritismo,* também me fala de seu profundo sentimento de gratidão a Emmanuel:

– Em 1952, visitei o Chico pela primeira vez, em companhia do querido amigo José Bissoli. Após descansarmos um pouco da longa viagem, fomos à sua procura. Batemos à porta do lar de Luísa Xavier, sua maternal irmã, que nos disse estar o médium na Fazenda Modelo, onde trabalhava. Para lá nos dirigimos. Conseguimos vê-lo de longe. Não quisemos, entretanto, incomodá-lo e voltamos ao hotel.

As luzes se acendiam na pequenina Pedro Leopoldo, quando alguém bate suavemente palmas à porta do nosso quarto. Atendo, e uma figura moça, de olhar manso, sorridente, pergunta pelo meu nome. Convidando-o a entrar, conversamos por algum tempo. Quando o moço se foi, era como se alguém muito querido partisse, pois deixara o silencioso quarto do hotel vazio e triste.

Embora nos tivesse convidado – continua a contar-me o querido Joaquim – para novo encontro no Centro Espírita Luís Gonzaga, sua ausência nos entristecera, pois aqueles rápidos minutos de conversação, sua figura simples, suas palavras de alegria nos deram a sensação de termos sido velhos companheiros que os séculos separaram... Chegamos ao Centro antes das oito da noite. Chico nos recebeu com sua simplicidade tocante e nos abraçamos, recordando velhos abraços que o velho tempo marcou... Depois, o serviço psicográfico... Vimos, admirados, o lápis mediúnico correr célere sobre as folhas de papel. Terminada a reunião, o médium levantou-se e, acercando-se de nós – o Bissoli e eu –, entregou-me uma mensagem, que eu não podia esperar... Era de Emmanuel a dádiva celeste.

Entre lágrimas, fui lendo, frase por frase, aquela primeira mensagem que os Céus me enviavam:

"Meu caro irmão, muita paz.

Os conflitos sentimentais da atualidade resultam, em tua alma sensível, do passado obscuro que desejas apagar, ao preço de renunciação e sacrifício.

A prova na Terra é sempre fruto de nossas resoluções, antes do regresso à lide carnal. Abençoemos a dor e a incompreensão que nos auxiliam e sigamos para a frente, aprendendo e amando, sofrendo e ajudando para bem atender à vontade redentora de Jesus.

Abraça na tua mediunidade – mormente

a curativa, ao pé de nossos irmãos enfermos – a tua âncora de luz para o grande caminho. Não te faltará o nosso concurso e que o teu coração saiba aceitar a luta moral de agora, com calma e serenidade, em favor da felicidade que receberás depois, são os votos sinceros do amigo e servo humilde EMMANUEL."

E novas demonstrações de carinho do generoso instrutor espiritual o querido Joaquim ainda recebeu, como me relatou, confidencialmente, não retendo as lágrimas de gratidão, que lhe caíam dos olhos nublados de pranto... Emmanuel orientou-lhe a vida, inclusive nos caminhos do trabalho, qual pai carinhoso, e o meu grande amigo Joaquim não teve palavras para traduzir seu reconhecimento...

✳✳✳

Também Arnaldo Rocha, devotado presidente do Grupo Espírita Meimei, sediado em Pedro Leopoldo, é um coração profundamente agradecido ao desvelado amor de Emmanuel.

Fiel amigo de muitas jornadas terrenas, na esteira das vidas sucessivas, qual Joaquim, o querido Arnaldo também me relatou, profundamente comovido, um episódio de seu longo convívio com nosso amado instrutor, nas tarefas do Grupo Meimei.

Quem leu *Instruções Psicofônicas* e *Vozes do Grande Além*[31], preciosos volumes da coleção mediúnica de Francisco Cândido Xavier, cientificou-se, por certo, das finalidades do Grupo Meimei. Foi fundado em 31 de julho de 1952, em Pedro Leopoldo, com o objetivo específico de atender aos casos dolorosos de enfermidades mentais e serviços de desobsessão. Além desse propósito, funcionava também, como ainda funciona, como grupo de oração em favor de enfermos ausentes. E, ao término dos trabalhos, através da psicofonia sonambúlica de Chico Xavier, quando o médium residia em Pedro Leopoldo, os benfeitores espirituais traziam seu concurso de instrução evangélica.

É com imenso carinho que recordo, aqui, esse admirável cenáculo de luz, onde tantos benefícios do Alto recebeu minha alma. É do prezado Arnaldo Rocha, presidente do Grupo, este depoimento em que manifesta sua sincera gratidão a Emmanuel:

— Há muitos anos, por volta de 1953, estava eu com pouco mais de dozes meses de tarefas no querido Grupo Meimei. Após algumas manifestações de irmãos nossos menos felizes, e em seguida à palavra de um Amigo Espiritual, em comentário ao tema de estudo da noite, notei singular modificação na *facies* de nosso

---

(31) Editados pela FEB, respectivamente em 1956 e 1957 e organizados por Arnaldo Rocha. São mensagens recebidas psicofonicamente por Chico Xavier no Grupo Meimei, de Pedro Leopoldo.

querido Chico. Imediatamente, o Espírito Emmanuel se utilizou de suas faculdades psicofônicas.

Depois de algumas palavras de saudação aos companheiros do Grupo, dirigiu-se muito carinhosamente a mim, nestes termos, que nunca pude esquecer: "Meu jovem amigo, as tarefas de Jesus, e sob Sua inspiração, junto de nossos irmãos que se transviaram nas sombras, deverão ser sempre repassadas de imensa ternura e amor. Energia e serenidade deverão ser medidas pela mansidão que o Inesquecível Mestre nos exemplificou. Recordo-lhe, permita-me, que sua função é a de um enfermeiro carinhoso e paciente..."

— Realmente, meu caro Clovis — rematou Arnaldo —, nessa noite nosso Grupo fora visitado por algumas entidades espirituais dominadas pelas trevas do ódio e dos preconceitos religiosos, e reconheço que me dirigi a esses pobres irmãos com energia desmedida, deixando-me levar até por acentuada ironia... Não sei agradecer a Emmanuel a bênção de sua admoestação carinhosa, mas daquela data em diante esforcei-me por atender aos pobres irmãos que se extraviaram na sombra com a mais sincera ternura e o mais vivo amor fraternal... Nunca mais esqueci a lição de Emmanuel...

4

TEU FILHINHO CONTIGO

A MENSAGEM DE EMMANUEL INTITULADA *PALAVRAS de Esperança* foi publicada em sua preciosa obra *Justiça Divina,* em 1962.

Vale a pena transcrevê-la, não só para nossa edificação, mas, particularmente, para melhor entendimento de um fato acontecido cinco anos antes.

Eis a mensagem, na sua beleza espiritual e em seu profundo sentimento evangélico:

> *"Se não admites a sobrevivência, depois da morte, interroga aqueles que viram partir os entes mais caros.*
>
> *Inquire os que afagaram as mãos geladas de pais afetuosos, nos últimos instantes do corpo físico; sonda a opinião das viúvas que abraçaram os esposos, na longa despedida, derra-*

mando as agonias do coração, no silêncio das lágrimas; informa-te com os homens sensíveis que sustentaram nos braços as companheiras emudecidas, tentando, em vão, renovar-lhes o hálito na hora extrema; procura a palavra das mães que fecharam os olhos dos próprios filhos, tombados inertes, nas primaveras da juventude ou nos brincos da infância... Pergunta aos que carregaram um esquife, como quem sepulta sonhos e aspirações no gelo do desalento, e indaga dos que choram sozinhos, junto às cinzas de um túmulo, perguntando por quê...

Eles sabem, por intuição, que os mortos vivem, e reconhecem que, apenas por amor deles, continuam igualmente a viver.

Sentem-lhes a presença, no caminho solitário em que jornadeiam, escutam-lhes a voz inarticulada com os ouvidos do pensamento e prosseguem lutando e trabalhando, simplesmente por esperarem os supremos regozijos do reencontro.

Se um dia tiveres fome de maior esperança, não temas, assim, rogar a inspiração e a assistência dos corações amados que te precederam na grande viagem. Estarão contigo, a sustentarem-te as energias, nas tarefas huma-

nas, quais estrelas no céu noturno da saudade, a fim de que saibas aguardar, pacientemente, as luzes da alva.

Busca-lhes o clarão do amor, nas asas da prece, e, se nos templos veneráveis do Cristianismo, alguém te fala de Moisés, reprimindo as invocações abusivas de um povo desesperado, lembra-te de Jesus, ao regressar do sepulcro para a intimidade dos amigos desfalecentes, exclamando, em transportes de júbilo: "A paz seja convosco".

* * *

Esta a mensagem. Embora publicada, em livro, em 1962, muitas vezes, antes dessa data, o nobre Amigo da Vida Maior, em nossos inolvidáveis serões espirituais de Pedro Leopoldo, tivera oportunidade de oferecer-nos, aos participantes desses convívios mais íntimos, lições semelhantes, inclusive a referente ao direito espiritual que nos assiste de recorrer, respeitosamente e dentro dos justos limites, aos que nos precederam nos caminhos da Eternidade: *Se um dia tiveres fome de maior esperança, não temas, assim, rogar a inspiração e a assistência dos corações amados que te precederam na grande viagem...*

Chico sempre foi dadivoso em narrativas de casos que nos edificavam a todos, fazendo-nos sentir a beleza e a liceidade do intercâmbio afetivo entre os dois mundos... O conforto espiritual que nos vinha dos corações amados que respiram noutro clima, nas cidades do Além, através de mensagens escritas ou psicofônicas, era uma confirmação evidente do ensinamento de Emmanuel.

Assim sendo, qual acontece, creio também eu, com todos os espiritistas, nas vicissitudes e tribulações da vida, buscava recordar, rogando a permissão divina, os Espíritos bondosos e auxiliadores aos quais me sentia e sabia ligado por sagrados laços de amizade, que as vidas sucessivas mais e mais fortificaram...

Quando meu primogênito, Carlos Vítor, caiu gravemente enfermo, naturalmente meu coração, junto ao extremoso coração maternal de Hilda, minha querida companheira, buscou o conforto que mana do Alto para todos os que choram e sofrem na Terra. Juntos orávamos, recordando benfeitores queridos que sabíamos ligados aos nossos corações e ao nosso lar e suplicando-lhes, por amor do Mestre Divino, que tanto amou e ama as criancinhas, os socorros espirituais para nosso filhinho enfermo.

Não faltaram as provas da Compaixão Divina em nosso caminho, abundantes provas que se conservam presentes na memória de nossa alma. Do coração boníssimo do Dr. Bezerra de Menezes, tivemos, por várias vezes, o auxílio na hora da angústia. Citarei apenas um fato, belo e comovente, para não alongar a narrativa.

Voltara eu a Campos de uma viagem a Pedro Leopoldo, onde obtivera dos amigos espirituais uma orientação para o tratamento de Carlinhos. O querido Dr. Bezerra, sempre paternal, pelo lápis do Chico, ofertara-me carinhosa mensagem elucidativa sobre os problemas que nos afligiam e indicara, excepcionalmente, dois produtos alopáticos para o menino. E, acima de tudo, tranquilizara meu Espírito angustiado...

Não procurei os medicamentos no Rio a fim de mais depressa regressar ao lar: comprá-los-ia em Campos mesmo...

Acontece que, algumas horas após minha chegada, nosso filhinho foi acometido de singular problema respiratório, o que nos assustou de tal maneira, pelo insólito do acontecimento, que, aconselhados pelo seu médico assistente, levamo-lo urgentemente ao especialista do Rio, que dele estava cuidando. Foi tão inesperado o mal-estar do pequenino, que nem tive tempo de adquirir os medicamentos recomendados em Pedro Leopoldo.

Tomamos o primeiro avião, minha esposa, o pequenino e eu. Horas depois, estávamos no consultório médico do Rio.

Enquanto esperávamos nosso horário, a devotada Hilda, com o menino ao colo, e eu orávamos silenciosamente, suplicando o auxílio do Alto para o filhinho e a inspiração dos amigos espirituais para o bondoso facultativo que iria atendê-lo, instantes após.

Recordo-me perfeitamente de que nossos pensamentos se voltaram, como nos propusemos, para o querido amigo Dr. Bezerra de Menezes. Como de outras vezes, a ele recorria, junto à querida esposa, recordando o carinho que o amado benfeitor me dispensara alguns anos antes, em fase aflitiva de agudo distúrbio circulatório.

Minutos depois, a enfermeira nos conduz ao consultório.

O especialista examina o menino que, por sinal, tinha vencido o mal-estar assustador. Bondoso e experimentado, após o exame, tranquiliza-nos. Realmente, a crise passara.

Entre o exame e a receita, o médico, alegre e loquaz, fala sobre acontecimentos políticos do dia, recorda viagens à Europa, cita estudos históricos de Pandiá Calógeras...

Calmo, prescreve os medicamentos necessários... E entrega-nos a receita. O que o leitor não pode absolutamente imaginar foi a emoção que se apossou de nós, de minha esposa e de mim, ao lermos, na pequena folha de papel, enquanto mal ouvíamos suas explicações finais, os nomes dos dois medicamentos prescritos, que eram absolutamente os mesmos que, três ou quatro dias antes, haviam sido indicados pelo bondoso Dr. Bezerra.

Cito esse fato, apenas este, para dizer ao caro leitor que, ao lado de outras demonstrações de paternal bondade, não só desse grande benfeitor, quanto do saudoso médico campista Dr. Alfeu Gomes de Oliveira Campos e outros queridos amigos da Vida Espiritual, eu, naturalmente, em casos de prementes problemas de saúde, a eles recorria, através da oração, embora sempre, por escrúpulo, me limitasse a fazê-lo em ocasiões estritamente necessárias, sem esquecer de considerar a permissão de Jesus.

Assim sendo, nos dias cruciais da enfermidade de nosso primogênito, confesso que nunca me recordei do Espírito Emmanuel para solicitar-lhe qualquer ajuda em favor da saúde de Carlos Vítor. E explico o porquê.

Embora inúmeras provas de carinhosa atenção do benemérito mensageiro divino, provas de paternal e cuidadoso amor para com seu antigo aprendiz de muitas romagens terrenas, cuidado que envolvia até problemas de saúde física, eu sempre o fixei, mentalmente e sentimentalmente, na condição de um chefe espiritual a quem devemos o mais respeitoso amor. E pensava ainda na extensão de seus trabalhos missionários e no volume de seus deveres de dirigente espiritual, responsável por atividades cuja natureza estou longe de conhecer...

Havendo recebido as mais ternas provas de íntima confiança de seu Espírito querido, junto ao coração afetuoso de Chico, sempre me mantive, talvez por irreformável natureza atávica do camponês que ainda sou, na situação do aprendiz bisonho que envolve de profundo respeito seu ardoroso afeto ao instrutor e chefe muito amado.

Nessa posição espiritual permaneci durante os dias angustiosos da enfermidade do meu filhinho. Naturalmente ninguém tinha conhecimento desses assuntos tão íntimos do coração, a não ser minha esposa.

Imagine o leitor a profundeza de minha emoção, quando o Chico, com aquela candidez de espírito que todos conhecemos, me diz, quando de uma visita que lhe fiz naquela época:

— Clovis, nosso Emmanuel está aqui, dizendo que você, em suas orações, nada lhe tem pedido em favor do Carlinhos, mas que ele também o tem visitado, ao lado de outros amigos espirituais, e está também cooperando em favor da saúde de seu filhinho...

A revelação desse fato intimíssimo não me causou menor impacto ao Espírito que outras bênçãos do mesmo Emmanuel, quando, por intermédio de seu filho espiritual, conduzia-me – e o fez muitas vezes, como verdadeiro educador – às paisagens mais distantes de nossas experiências terrenas, através de séculos e milênios mortos, no transcurso das vidas sucessivas...

Lembro-me de que a emoção me embargou a voz e foi com dificuldade que confirmei a palavra do generoso benfeitor, explicando ao querido Chico o que o leitor já sabe...

Andamos todo esse dia, o Chico, o Arnaldo Rocha e eu, em Belo Horizonte, em busca de recursos da medicina para nosso estimado médium, que, na época, padecia incômoda e tenaz labirintite.

Embora as preocupações com a saúde do Chico, foram muitas as nossas alegrias espirituais nesse dia – 1º de julho de 1957, uma segunda-feira – pelo modo gentil e cavalheiresco com que o médium foi tratado por especialistas que o desconheciam...

Durante nossas andanças por consultórios e laboratórios, a conselho dos bondosos benfeitores espirituais que zelavam pela saúde do psicógrafo abnegado, o coração dadivoso de Chico foi semeando em nosso coração – o Arnaldo nos acompanhava sempre – as mais confortadoras lições do Mundo Maior, entremeadas de carinhosas notícias de amigos desencarnados, ligados a nossas vidas, notícias que, embora seu grande valor espiritual, por estritamente íntimas, têm seu interesse reduzido ao círculo familiar.

Ser-me-ia impossível arrolar aqui, um por um, os inumeráveis favores espirituais que devo ao iluminado coração de Emmanuel. Nada fiz por merecer tão grandes dádivas dele e de outros abençoados amigos da Eternidade. Estou certo de que tão grandes benesses se incluem na pauta daquela observação do Apóstolo Paulo, que nos convida o coração a ser reconhecido à Divina Misericórdia: "Onde o pecado abundou, superabundou a graça".[32]

E foi nesse espírito e na consciência de meus deméritos, que bem os conheço, que recebi outra dádiva, na noite dessa mesma segunda-feira, no Centro Espírita Luís Gonzaga: esta página íntima, assinada pelo carinhoso Emmanuel, em lembrança de meu primogênito:

TEU FILHINHO CONTIGO

O lar é a oficina.
Os pais são artífices.
A criança é a obra.

O lar é o gabinete de lapidação.
Os pais são buriladores.
A criança é o brilhante potencial.

---

(32) *Epístola aos Romanos, 5:20.*

O lar é a terra.
Os pais são cultivadores.
A criança é o fruto.

O lar é a escola.
Os pais são os instrutores.
A criança é o livro em branco.

Lembra-te, pois, de que teu filhinho, contigo, reclama o orvalho de amor, o esmeril do trabalho, os talentos do estudo e a força de tua própria ascensão espiritual, para que possa atender, no futuro, as abençoadas tarefas que a Eterna Bondade lhe assina.

Não olvides, desse modo, a tua própria abnegação, na desincumbência dos compromissos que assumes no santuário doméstico, situando as flores humanas que Deus te confia na presença de nosso Mestre e Senhor, de vez que, conduzindo-as com o teu próprio exemplo ao hálito do Jardineiro Divino, oferecerás, mais tarde, ao Supremo Senhor o fruto primoroso de tua mais alta esperança, em plenitude de alegria e vitória, por haveres honrado na beleza do lar a bênção da criação, que é a glória maior da vida.

EMMANUEL

✳ ✳ ✳

Trazendo estes apontamentos ao coração do leitor, quero dizer-lhe que outro motivo não me induziu a fazê-lo senão o desejo de exemplificar a bondade sem limites, o carinho e o zelo dos Amigos Invisíveis que velam por nós, silenciosos e incansáveis, desse Mundo Maior que é a nossa verdadeira pátria e para onde todos nós, independentemente de vontade ou de crença, voltaremos um dia...

Que possamos, assim, no cumprimento de nossas sagradas obrigações, durante a breve peregrinação neste mundo, honrar o amor e a sabedoria daqueles que, em nome de Deus, tanto se esforçam por nos conduzir a Ele...

5

Uma oração para Nelma

Foi há quase trinta anos passados, numa tarde tranquila de inverno, num subúrbio de Belo Horizonte...

Em companhia do Professor Cícero Pereira, meu saudoso e inesquecível amigo, conheci a bondosa Carmosina Xavier Pena – chamada na intimidade, carinhosamente, Zina – irmã do nosso Chico.

O querido Professor, além de meu carinhoso hospedeiro em Belo Horizonte – no seu *nirvana* de Bonfim, 360 –, em seu imenso coração alegrava-se de aumentar meu círculo de relações na capital mineira, concedendo-me a felicidade de conhecer diversos confrades e obreiros da Doutrina nas Alterosas.

Foi por seu intermédio que conheci a médium Zilda Gama, em sua casa humilde de Belo Horizonte. Também em sua companhia visitei o lar do casal Perácio, José Hermínio e D. Cármen, os dois grandes amigos de Chico Xavier, que tanto o auxiliaram no início de seu apostolado mediúnico. E ainda os queridos amigos Oscar Coelho dos Santos e sua esposa D. Lola, Rodrigo Agnelo Antunes, Dr. Camilo Chaves, Bady Cúri e tantos outros companheiros da valorosa União Espírita Mineira.

Mais tarde voltei ao lar de Nélson e Zina, em companhia de Chico. Ali naquele jardim de afeições, a tristeza reinava... É que Nelma, filha do casal, recém-casada, estava gravemente enferma, vítima de uma séria lesão cardíaca. Seu esposo, Odemar Pedro da Costa, seus carinhosos pais e irmãos, e os dedicados Perácios, envolviam-na nas vibrações carinhosas do afeto e das orações, mas Nelma estava a caminho da Eternidade...

Há um ano casada. Há seis meses presa ao leito...

Nos últimos tempos, Chico viajava quase todas as noites de Pedro Leopoldo a Belo Horizonte, a fim de confortar a jovem enferma e unir seu coração aos familiares de Nelma na comunhão da prece.

Nelma, pressentindo que "o tempo da sua partida estava próximo", para usar a expressão paulina, animava os corações dos pais, edificava todos com palavras de fé e chegara mesmo a escrever num caderno alguns pensamentos consoladores. Espiritista convicta, entendia tudo e não temia a morte...

Numa noite de orações, aguçada sua sensibilidade espiritual, chegou a dizer: "recebi um beijo na testa, ouço vozes, alguém quer dizer-me alguma coisa...".

D. Cármen Perácio informa-lhe então: "Nelma, quem lhe beijou a testa foi nosso amigo Antônio Demeure. Ele está pedindo que você preste atenção a este aviso: quando você divisar, ante seus olhos, uma estrela luminosa, fique tranquila, minha filha...".

E D. Cármen, esclarecida pelo Espírito do velho amigo e médico de Allan Kardec[33], explicou-lhe, aquietando-a carinhosamente, que a estrela luminosa seria um sinal de que era chegada a hora de sua partida deste mundo, o que para Nelma não era motivo de alarme ou temor, pois vinha se preparando espiritualmente, em companhia do coração materno, para a viagem espiritual...

"Que ela acompanhasse a luz da estrela, que significava uma bênção do Alto, pensando em Jesus..." – instruíra o Dr. Demeure a Nelma, por intermédio da velha amiga de Chico.

Uma noite, duas semanas antes de sua desencarnação, estando presente em seu quarto de enferma o tio carinhoso, Chico Xavier, Nelma pediu a Emmanuel que lhe desse uma oração, por ele mesmo formulada, a fim de que ela a repetisse, meditando, nos últimos dias da existência terrestre.

---

(33) O Dr. Demeure *(Antoine Demeure)* foi um distintíssimo médico homeopata francês, testemunha Allan Kardec em seu livro *O Céu e o Inferno* (II parte, cap. II). Foi discípulo, amigo e médico de Kardec, que o considerava, pela sua infatigável dedicação aos doentes pobres, o Cura d'Ars da Medicina.

Tendo já, por várias vezes, durante as visitas de Chico, confortado o coração de Nelma e de seus familiares com palavras edulcoradas de amor e de carinho, Emmanuel atendeu ao pedido da querida doente, com a ternura e a compreensão de sempre...

Foi na noite de 13 de junho de 1944 que o generoso Amigo da Eternidade grafou, pelo lápis mediúnico de Chico, a comovente *Oração da Filha de Deus,* que Nelma iria repetir, cheia de unção, nas suas meditações, durante catorze dias que ainda viveu neste mundo...

A jovem filha de Nélson e Zina, tão amada por todos os que a conheceram pelos seus elevados dotes de espírito e de coração, divisou a estrela luminosa no dia 27 de junho...

A prece de Emmanuel, a seguir transcrita, é um lindo poema de amor espiritual, mas significa ainda um largo gesto de bondade de seu grande coração, fazendo-nos sentir como os Espíritos Benevolentes e Sábios compreendem as necessidades mais íntimas de seus irmãos da Terra e se empenham em derramar sobre as nossas feridas o bálsamo do bom samaritano.

O pedido confiante do bondoso coração de Nelma não constitui uma bênção tão somente para ela. A prece tão bela e sentida de Emmanuel permanece como um conforto para toda alma que sofre e chora nos caminhos angustiosos deste mundo.

Ei-la, na sua profunda formosura espiritual.

ORAÇÃO DA FILHA DE DEUS

Meu Deus, deponho aos teus pés
Meu vestido de noivado,
Meus prazeres do passado
E as rosas do meu jardim...
Pois agora, Pai Querido,
Somente vibra em meu peito
Teu Amor Santo e Perfeito,
Teu Amor puro e sem fim.

Ah! Meu Pai, guarda contigo
Meu cofre de arminho e ouro,
Onde eu guardava o tesouro
Que me deste ao coração.
Entrego-te as minhas horas,
Meus sonhos e meus castelos,
Meus anseios mais singelos,
Minhas capas de ilusão!...

Pai dos Céus, guarda a coroa
Das flores de laranjeira
Que eu teci a vida inteira
Como um pássaro a cantar!

Ó meu Senhor, como é doce
Partir os grilhões do mundo
E esperar-te o amor profundo
Nas bênçãos do Eterno Lar!...

Em troca, meu Pai, concede,
Agora que me levanto,
Que a lã do Cordeiro Santo
Me agasalhe o coração!
Que eu calce a sandália pobre
Para a grande caminhada
Que me conduz à Morada
Da Paz e da Redenção!

6

LIÇÕES DE AMOR

LIÇÕES DO MAIS NOBRE E ESPIRITUAL AMOR EMMANUEL tem ministrado sempre, durante longo e abençoado magistério mediúnico, através do servo fiel do Evangelho – Francisco Cândido Xavier.

Lições de amor através de suas mensagens e seus livros, inundados de luz das Esferas Superiores. Lições da própria beleza de seu Espírito, a refletir-se no caridoso auxílio, de múltiplas facetas, concedido aos que lhe buscam o generoso coração.

Sua multifária atividade faz recordar, e muito, os árduos trabalhos de Nóbrega, como testemunham nossos historiadores.

Ouçamos Simão de Vasconcelos e Serafim Leite:

"Na Bahia, no período da formação das Aldeias, *corria e discorria* por todas, visitando-as, animando-as, consolando-as, e sempre a pé, com seu bordão na mão, fazendo pasmar até os índios a eficácia de seu Espírito incansável."

"Não fugia aos ofícios humildes ou caridosos, como o de sangrador, em Piratininga. Pregando aos brancos, compondo litígios, remediando males, mereceu o título de *Pai dos necessitados,* não esquecendo a catequese direta, convertendo e procedendo ao primeiro batismo solene de índios do Brasil."

"*Homem Santo* lhe chamavam; e Pêro Correia insinua que até fez milagres. Decidido nas suas resoluções, sofreu muito, mas nem por isso recuava; sobretudo em questão de zelo e justiça, como a liberdade dos índios, porque "não descansava até pô-los em liberdade; e todas as coisas de serviço de Deus levava adiante, ainda que tivesse todo o Brasil contrário."

"Tendo a firmeza do aço, era homem de coração."[34]

Um dos mais antigos testemunhos a respeito da nobreza espiritual de Emmanuel nos é dado pelo seu próprio médium, nas páginas prefaciais do primeiro livro mediúnico do benemérito orientador:

"... Emmanuel tem produzido, por meu intermédio, as mais variadas páginas sobre os mais variados

---

(34) Simão de Vasconcelos, *Chronica da Companhia de Jesus do Estado do Brasil,* Lisboa, 1865, vol. I, pág. 162; vol. II, pág. 60; Serafim Leite, *op. cit.,* págs. 466 e segs.

assuntos. Solicitado por confrades nossos para se pronunciar sobre esta ou aquela questão, noto-lhe sempre o mais alto grau de tolerância, afabilidade e doçura, tratando sempre todos os problemas com o máximo respeito pela liberdade e pelas ideias dos outros."[35]

Quando o Dr. Elias Barbosa, numa entrevista com o médium Xavier perguntou-lhe – "Como acredita você devemos proceder com os escritores e jornalistas que nos perseguem?" – a resposta traduz o pensamento do iluminado Espírito:

"– Diz-nos Emmanuel que devemos ter paciência e bondade para com todos eles, explicando sempre que eles não nos injuriam porque sejam maus, e sim por inexperiência ante os assuntos da Vida Espiritual."[36]

Em livros e mensagens, Emmanuel sempre manifestou o mais dilatado senso de compreensão, a mais autêntica empatia, em face das diversas expressões de ambiência, tanto quanto de pensamento e sentimento dos homens.

Sempre pediu que nos compadecêssemos "dos incrédulos que se arremetem contra as verdades do Espírito".

Numa de suas instruções, assim nos exorta:

---

(35) Francisco C. Xavier, *Emmanuel,* Ed. FEB, 2ª ed., 1938, pág. 16.

(36) Elias Barbosa, *No Mundo de Chico Xavier,* Araras, SP, IDE Editora.

"Estendamos aos companheiros enrijecidos pelo ateísmo algo de nossas convicções que os ajude a refletir na própria imortalidade. Diligenciemos partilhar com eles o alimento da fé, na mesma espontaneidade de quem divide os recursos da mesa.

Todavia – perguntarás –, e se recusam, obstinados e irônicos, os bens que lhes ofertamos? E se nos apagam, a golpes de violência, as lanternas de amor que lhes acendemos na estrada?

Se indagações assim podem ser formuladas por nossa consciência tranquila, após o desempenho do nosso dever de fraternidade, será preciso consultar a lógica, e a lógica nos dirá que eles são cegos de espírito que nos cabe amparar, em silêncio, na clínica da oração".[37]

✳✳✳

Espírito de serviço e sacrifício tem sido uma tônica nas existências terrenas daquele a quem tanta gratidão devemos.

De Manuel da Nóbrega diz Serafim Leite: "E o primeiro sacrifício de Nóbrega pelo Brasil foi o da saúde. Arruinou-a com a vida dura de privações, que foram aqueles tempos heroicos da formação do Brasil. Para que

---

(37) F. C. Xavier, *Livro da Esperança*, Edição CEC, Uberaba, 1964, cap. 63.

os brasileiros achassem o seu país saneado, foi mister haver vítimas. Nóbrega foi uma das mais ilustres".[38]

Dos sacrifícios e da dedicação do Padre Damiano pelos sofredores algo ficamos sabendo pelo testemunho comovente da alma angélica de Alcione Vilamil, nas páginas sublimes de *Renúncia*.

Na condição de Espíritos encarnados, via de regra não possuímos sensibilidade capaz de avaliar o trabalho dos Espíritos Superiores. Nem somos dotados de acuidade que nos possibilite uma verdadeira gnosia, uma percepção exata das condições de vida nas esferas mais elevadas do Mundo Espiritual.

Dificilmente, desse modo, poderemos imaginar os sacrifícios que se impõem às almas enobrecidas em seu grande amor à Humanidade, na execução de suas missões de auxílio aos seus irmãos ainda submetidos às limitações da carne e às rebeldias do coração.

Por isso, são os próprios Espíritos que nos trazem, de modo muito discreto, mas suficientemente esclarecedor, informações a respeito.

Em torno de Emmanuel, por exemplo, é interessante meditar na palavra do Espírito Maria Lacerda de Moura, escritora brasileira que já nos ofereceu, pelo médium Xavier, brilhante página, constante do magnífico

---

(38) Serafim Leite, S.I., *op. cit.,* tomo II, pág. 462.

Falando à *Terra.* Desencarnada em 1945, conversou algumas vezes com nosso caro Chico, que a conhecera pessoalmente em vida terrena. Entre outras palavras de elevado teor espiritual, que merecem nossa consideração, ponderemos na revelação que nos faz, conforme relata o próprio médium: "Falou comigo que eu desse graças a Deus por me achar sob as orientações do Espírito *Emmanuel, que impusera a si próprio rígidas disciplinas, a fim de servir ao Evangelho de Jesus".* (O grifo é meu.)[39]

Ainda de uma bela mensagem íntima de Cnéio Lucius, o venerando benfeitor de *50 Anos Depois,* recolho este testemunho a respeito do nobre instrutor espiritual: "Temos Emmanuel na conta de um *grande sábio* e a *sua caridade* constitui uma fonte de altos benefícios para quantos se lhe aproximem". (Grifos meus.)[40]

* * *

Amor e sabedoria de Emmanuel, como podemos deduzir desses testemunhos, consorciam-se em perfeita união. Sua palavra sábia é sempre ungida de bondade, tanto quanto suas obras de amor se fazem sob estrita obediência às leis divinas.

Muitas vezes, dos serões fraternos de Pedro Leo-

---

(39) Elias Barbosa, *op. cit.,* págs. 46/47.

(40) De uma página íntima psicografada em Pedro Leopoldo, a 14 de setembro de 1938.

poldo às conversações tranquilas de Uberaba, o fiel intérprete do pensamento de Emmanuel nos transmitiu – aos que tiveram a ventura de participar desses ágapes espirituais – as lições do venerável instrutor a respeito da influência do pensamento em todos os caminhos da vida, para citar apenas uma aspecto destas afirmativas.

Sempre com exemplos vivos de sua dilatada experiência humana e espiritual, Chico nos transmitia as lições de Emmanuel relativas aos estreitos liames entre pensamento e saúde, qual esta que se encontra num livro seu: "Ninguém poderá dizer que toda enfermidade, a rigor, esteja vinculada aos processos de elaboração da vida mental, mas todos podemos garantir que os processos de elaboração da vida mental guardam positiva influenciação sobre todas as doenças".[41]

Justo lembrar mais um exemplo, entre muitos, que comprova o cuidadoso amor do bondoso Espírito em seu trato com os enfermos.

Ramiro Gama, em seu já citado volume, relata que conversava com o médium Xavier a respeito da influência do pensamento sobre enfermidades graves, quando Chico lhe citou o caso de uma conhecida sua, portadora de um câncer uterino, mas que desconhecia completamente a moléstia de que era acometida.

"A medicina da Terra sentiu-se impotente para

_____

(41) Francisco C. Xavier, *Pensamento e Vida,* pelo Espírito Emmanuel, Ed. FEB, Rio de Janeiro, 1958, cap. 28.

curá-la. Emmanuel, colocado a par da situação, alvitrou: *Vamos, com a ajuda de Deus, medicá-la. É preciso, todavia, que ela continue ignorando sua enfermidade. Se souber, seu mal agravar-se-á e neutralizará todo nosso esforço.*

O tratamento foi feito e, por misericórdia de Deus, a doente, que sempre ignorou seu padecimento, melhorou e hoje está completamente curada."[42]

Como vemos, Emmanuel não se limita a oferecer magníficas lições de sabedoria espiritual: aplica-as sempre, não só quando amorosamente se dirige aos enfermos da alma, senão ainda quando, no exercício de sagrada medicina, atende aos enfermos do corpo, nas provas e expiações terrenas...

Numa antiga mensagem, psicografada pelo médium Xavier em Pedro Leopoldo, diz o iluminado mensageiro do Alto: *Sem sabedoria não há caminho, mas sem amor não há luz.*

E conclui a preciosa instrução espiritual com este apelo ao nosso coração:

Ajudemos. E, convictos de que o amor e a sabedoria *constituem o alvo divino de nossa marcha, asilemo--nos no templo da Boa Nova, afeiçoando a nossa existência, em definitivo, aos exemplos do Mestre e Senhor, a benefício da nossa redenção para sempre.*

---

(42) *Lindos Casos de Chico Xavier,* Ed. Lake, S. Paulo, 5ª Ed., pág. 193.

III

SABEDORIA DE EMMANUEL

Só se vê bem com o coração.
O essencial é invisível para os olhos.

ANTOINE DE SAINT-EXUPÉRY

(Le Petit Prince)

Saber o que todos sabem é nada saber.
O saber começa onde começa o
que o mundo ignora.
A verdadeira ciência está situada
além da chamada ciência.

REMY DE GOURMONT

(Les Pas sur le Sable)

1

SABEDORIA QUE VEM DO ALTO

"NOSSAS RELAÇÕES ESSENCIAIS ESTÃO NO INVISÍVEL, E mesmo no visível há um segredo que o invisível pode revelar – observa Sertilanges em seu belo *Recolhimento.*"

É nesse invisível, ou mais extensamente, no Invisível, que encontraremos, se o buscarmos, a fonte de água viva que mana para a Vida Eterna, de que o Excelso Amigo falou à mulher samaritana: *O que beber da água que eu lhe der nunca mais terá sede; mas a água que eu lhe darei virá a ser nele uma fonte de água que jorre para a vida eterna.*[43]

É desse Mundo Invisível, nossa verdadeira e eterna pátria, que nos vem a sabedoria de Deus, que é o verdadeiro alimento da alma, que a predispõe para o bem e a sustenta nesse caminho.

---

(43) *Evangelho de João;* 4:14.

Daí a advertência solene, infelizmente tão esquecida, de nosso Divino Mestre: *Trabalhai, não pela comida que perece, mas pela comida que permanece para a vida eterna, a qual o Filho do homem vos dará.*[44]

Essa é a sabedoria espiritual, nascida do esforço consciente, da busca, do trabalho no Espírito, sob a bênção Daquele que prometeu estar conosco todos os dias da vida. É essa sabedoria do Alto a que recebemos do Espírito iluminado de Emmanuel.

Não se trata de uma afirmação graciosa: aí estão seus livros, estão aí suas mensagens, aí está sua missão de amor e sabedoria, abençoando o Brasil inteiro e difundindo-se por todo o mundo, em expressões de valores eternos.

***

Nesta III Parte deste singelo trabalho, busco reunir também reminiscências e ensinamentos, depoimentos e observações que testificam a larga cultura espiritual de Emmanuel, sua sabedoria tão ungida de amor quanto sua bondade é iluminada pela ciência de Deus.

Podem pecar pelo caráter dispersivo essas recordações e notícias espirituais. Ou pelo desalinho da exposição. Perdoe-me, assim, o leitor, a quem rogo con-

---

(44) *Idem,* 6:27.

siderar tão só o lado espiritual deste pobre esforço, a imagem invisível destas memórias humildes.

Peço-lhe, sinceramente, que tudo veja com o coração, como observou a Raposa, revelando seu segredo ao Pequeno Príncipe: "Só se vê bem com o coração... o essencial é invisível para os olhos".

* * *

Foi em Pedro Leopoldo, há muitos anos...

O querido Chico sempre repartiu com todos, na sua encantadora simplicidade de coração, a riqueza das observações de Emmanuel ou suas iluminadas sentenças...

Eis uma das mais belas lições que recebi em minha vida e que ofereço à nossa meditação: ao leitor e a mim mesmo, que agora a recordo, comovido.

Um dia, alguém procurou nosso bondoso Xavier, sob o impacto de certa ofensa cortante. Aproximou-se, humilhado e em lágrimas, a pedir reconforto ao coração magnânimo de Emmanuel.

Nosso sábio orientador indagou do companheiro ferido:

— *Meu filho, sabe você por que razão surge o ataque de um cão raivoso?*

Em face da silenciosa expectação do consulente, o venerável benfeitor rematou:

– *É que o cão, habitualmente fiel amigo, está enfermo... e gravemente enfermo...*

* * *

Dessa antiga lição de misericórdia ministrada por Emmanuel, há bem uns trinta anos, passo a um ensinamento do mesmo instrutor, dado recentemente.

Em abril de 1969, Francisco Cândido Xavier visitou Campos pela terceira vez. Despontou em nosso lar, para alegria e ventura nossa, pouco após o meio-dia de 7 de abril. Viagem rápida, mas nem por isso menos rica de bênçãos espirituais, que foram realmente inúmeras e imensas...

Na noite de 7, o querido médium visitou a Escola Jesus Cristo, mais uma vez. O amigo e confrade Francisco Galves, de São Paulo, trouxera, para exibir em nossa Casa do Evangelho, um filme sobre as atividades espirituais da Comunhão Espírita Cristã, de Uberaba, filme esse, algum tempo antes, apresentado através da TV-Tupi, Canal 4, da capital paulista.

Nessa noite, com a exibição do magnífico documentário, todos puderam assistir ao processo da psicografia de uma bela mensagem de Emmanuel – "Auxiliarás por amor."[45] O lápis mediúnico de Chico, elétrico, célere, corria sobre folhas e folhas de papel. Os que nunca haviam tido a oportunidade de assistir, de perto, ao trabalho psicográfico do médium Xavier – fato realmente impressionante – puderam maravilhar-se com o extraordinário e incontestável fenômeno...

Foram diversas as lições abençoadas desses dois dias em que o querido amigo passou conosco, em nosso lar, recordando os dez dias de 1967 em Atafona.

Quero referir-me, contudo, apenas a uma lição, uma grande lição. Foi em minha sala de aula, na Escola Jesus Cristo, na noite de 7 de abril de 1969...

Sentara-se o médium numa poltrona e conversávamos – éramos um pequeno grupo – antes de nos dirigirmos à sala onde seria exibido o filme de Galves.

A palestra do Chico, todos o sabem, é sempre proveitosa e espiritual. Contou-nos, então, que certa vez, enfrentando difíceis problemas do dia a dia, qual acontece com todos nós, ele fez uma pergunta a Emmanuel, ansioso pelo esclarecimento do grande amigo da Eternidade.

A pergunta limitou-se a duas palavras, duas apenas: – *Como acertar?*

---

(45) Esta linda instrução espiritual foi publicada no *Reformador* de setembro de 1968 e faz parte do 99º volume psicografado por Xavier – *Alma e Coração* (Editora Pensamento, São Paulo, 1969, cap. 39).

Há nessa simples interrogação um mundo de pensamentos, de ânsias, de súplicas... é um S.O.S. da alma, clamando pela orientação do Alto a fim de permanecer no caminho estreito...

– *Como acertar?*

Emmanuel, sempre bondoso, invariavelmente paternal, apareceu-lhe, então, confortando-o com esta luminosa resposta:

– *Meu filho, procura cumprir o teu dever da melhor maneira possível, de modo a guardar a paz de consciência. O resto entrega a Jesus.*

Pedi permissão ao querido Chico para copiar a lição do nobre instrutor e o fiz no verso do envelope de um cartão de Páscoa...

Se buscarmos as páginas replenas de espiritualidade do romance *Renúncia,* de Emmanuel, lá encontraremos idêntica lição, a repisar-nos o sublime ensinamento: quando Cirilo Davenport reencontra, depois de mil sofrimentos, sua esposa Madalena, agonizante, ele, que a julgava morta havia muitos anos, perde-se num turbilhão de pensamentos angustiosos a se misturarem com planos de reparação vingativa: "procuraria conhecer toda a extensão do crime que reduzira a companheira a situação tão amarga, castigaria severamente os algozes".

Fotografando o Espírito atormentado do pai de Alcione, naquela hora amarísima de seu destino,

Emmanuel tem estas palavras de transcendental sabedoria: *Ele ainda não sabia entregar a Jesus as situações sem remédio no mundo...*[46]

Como vemos, estamos faceando uma sabedoria diferente, aquela que o Apóstolo Tiago chama *a sabedoria que vem do Alto* e que ele mesmo caracteriza: *A sabedoria que vem do Alto é, primeiramente, pura, depois, pacífica, moderada, tratável, cheia de misericórdia e de bons frutos, sem parcialidade e sem hipocrisia.*[47]

É dessa substância evangélica a sabedoria de Emmanuel.

O suave Remy de Gourmont tem razão: a verdadeira ciência está situada além da chamada ciência...

---

(46) F. C. Xavier, *Renúncia,* romance de Emmanuel, Edição FEB, 1943, pág. 349.

(47) *Epístola de Tiago,* 3:17.

2

EMMANUEL, ESCRITORES E LEITORES

EM MARÇO DE 1950, EM PEDRO LEOPOLDO, O MÉDIUM Xavier recebeu psicograficamente um lindo poemeto de Cármen Cinira, a saudosa poetisa carioca. A bela joia poética foi publicada no jornal espírita "Seara Juvenil", de Belo Horizonte, e não foi ainda incorporada aos livros mediúnicos de Francisco Cândido Xavier.

Por versar tema de relevante interesse espiritual, objeto de preciosos ensinamentos de Emmanuel, aqui vai reproduzido o ***Quem escreve...:***

Quem escreve no mundo
É como quem semeia
Sobre o solo fecundo.

A inteligência brilha sempre cheia
De possibilidades infinitas.

Plantas
Uma ideia qualquer onde te agitas,
Seja essa ideia pecadora ou santa,
E vê-la-ás, a todos extensiva,
Multiplicar-se, milagrosa e viva.

Sem tanger as feridas e as arestas,
Conduze com cuidado
A pena pequenina em que te manifestas!
Foge à volúpia das maldades nuas,
Não condenes, não firas, não destruas...

Porque o verbo falado
Muita vez é disperso

Pelo vento que flui da Fonte do Universo.
Mas a palavra escrita
Guarda a força infinita
Que traz resposta a toda sementeira,
Em frutos de beleza e de alegria
Ou de mágoa sombria
Para os caminhos de uma vida inteira.

O problema da responsabilidade espiritual de *quem escreve* está, evidentemente, vinculado às sequelas morais que despontam na alma de *quem lê*...

Não se trata, assim, de problemática restrita à

pessoa do escritor: é fenômeno que se amplia, através das assimilações conscientes ou subliminais da comunicação, que elimina distâncias e barreiras de todo tipo...

Nesse espírito, vale a pena reler e meditar o magnífico prefácio que Emmanuel escreveu para a portentosa obra mediúnica de Francisco Cândido Xavier – **Falando à Terra:**

> *"No campo da vida, os escritores guardam alguma semelhança com as árvores.*
>
> *Não raro, defrontamos com troncos vigorosos e erectos, que agradam à visão pelo conjunto, não oferecendo, porém, qualquer vantagem ao viajor. Ora são altos, mas não possuem ramaria agasalhante. Ora se mostram belos, todavia, não alimentam. Ora exibem flores de vário colorido, que, no entanto, não frutificam.*
>
> *São os artistas que escrevem para si mesmo, perdidos nos solilóquios transcendentes ou nas interpretações pessoais, inacessíveis ao interesse comum.*
>
> *De quando em quando, topamos espinheiros. São verdes e atraentes de longe; contudo, apontam acúleos pungentes contra quanto lhes comungam da intimidade enganadora.*
>
> *Temos aí os intelectuais que convertem os raios da inteligência nos venenos ideológicos*

das teorias sociais da crueldade ou nos tóxicos da literatura fescenina, com que favorecem o crime passional e a mentira aviltante.

Por fim, encontramos os benfeitores do mundo vegetal, consagrados à produção de benefícios para a ordem coletiva. São sempre admiráveis pelos braços com que acolhem os ninhos, pela sombra com que protegem as fontes e pelos frutos com que nutrem o solo, os vermes, os animais e os homens.

São os escritores que trabalham realmente para os outros, esquecidos do próprio "eu", integrados no processo geral. Sustentam as almas, transformam-nas, vestem-nas de sentimentos novos, improvisam recursos mentais salvadores e formam ideais de santificação e aprimoramento, que melhoram a Humanidade e aperfeiçoam o Planeta.

Este livro é constituído de galhos espirituais dessas árvores frutíferas. Os autores que o compõem, falando à Terra, estimulam o coração humano à sementeira de vida nova.

É a voz amiga de almas irmãs que voltam dos cumes resplandecentes da imortalidade, despertando companheiros que adormeceram no vale sombrio.

Almas que ajudam e consolam, animam e esclarecem.

Não temos, todavia, qualquer dúvida. Não obstante o mérito do que exprimem, muita gente prosseguirá sonâmbula e entorpecida.

É que o despertar varia ao infinito...

A gazela abre os olhos ao canto do pássaro. A pedra, entretanto, somente acorda a explosões de dinamite.

Resta-nos, porém, a confortadora certeza de que, se há milhões de almas anestesiadas nos enganos da carne, já contamos, no mundo, com milhares de companheiros que possuem "ouvidos de ouvir". EMMANUEL."

***

Nessa radiografia espiritual da literatura terrena, bem claras são as advertências do sábio instrutor em torno da responsabilidade de quem escreve, considerando as bênçãos de luz ou as consequências perniciosas de sua palavra sobre o Espírito de quem lê.

Essas reflexões sobre tema tão particular, creio, são oportunas, quando jornais e livros do mais baixo artesanato intelectual e espiritual provocam arrasadoras inundações no seio das comunidades terrenas.

Na verdade, o mal não é de hoje. O mesmo Emmanuel, em sua mensagem "A Novidade Maior", já observou: "Os escritores de inspiração infeliz que há milênios envenenavam a cabeça do povo são substituídos na época presente pelos escritores inconsequentes que articulam palavras nobres e corretas fomentando os vícios do pensamento".[48]

Realmente, a velha literatura oriental já apresentava, qual acontece agora, sua contribuição de páginas deprimentes e eróticas, inclusive com a máscara de religiosidade. E, em continuação, gregos e romanos, epicureus e hedonistas, escritores da Idade Média e da Renascença até os *poètes maudits* do século passado, e os satanistas, os orgiásticos, os marcusianos, os filósofos do desespero, os "escritores malditos" dos nossos dias, produtores de tóxicos mentais e de alucinógenos do Espírito...

O que talvez nem todos avaliem é a larga porcentagem de influência do mundo invisível, centro de indução espiritual, sobre o processo de criação literária em nosso mundo.

Certa vez, estudávamos – Chico e um grupo de amigos –, em Pedro Leopoldo, o problema da sintonia entre encarnados e desencarnados. Muitas elucidações

---

(48) Mensagem psicografada por Francisco Cândido Xavier, constante do Livro *Ideal Espírita,* Uberaba, MG, cap. 3, edição CEC.

sobre o assunto nos foram ministradas pelo sábio Espírito Emmanuel, lições essas que se encontram em vários de seus livros. Respingo-as para edificação nossa:

"O homem permanece envolvo em largo oceano de pensamentos, nutrindo-se de substância mental, em grande proporção.

Toda criatura absorve, sem perceber, a influência alheia nos recursos imponderáveis que lhe equilibram a existência.

(...) É no mundo mental que se processa a gênese de todos os trabalhos da comunhão de Espírito a Espírito.

(...) Semelhante lei de reciprocidade impera em todos os acontecimentos da vida.

Comunicar-nos-emos com as entidades e núcleos de pensamentos com os quais nos colocamos em sintonia.

Nos mais simples quadros da natureza, vemos manifestado o princípio da correspondência.

Um fruto apodrecido ao abandono estabelece no chão um foco infeccioso que tende a crescer, incorporando elementos corruptores.

Exponhamos a pequena lâmina de cristal, limpa e bem cuidada, à luz do dia, e refletirá infinitas cintilações do Sol.

Andorinhas seguem a beleza da primavera.

Corujas acompanham as trevas da noite.

O mato inculto asila serpentes.

A terra cultivada produz o bom grão.

Na mediunidade, essas leis se expressam, ativas.

Mentes enfermiças e perturbadas assimilam as correntes desordenadas do desequilíbrio, enquanto que a boa vontade e a boa intenção acumulam os valores do bem.

Ninguém está só.

Cada criatura recebe de acordo com aquilo que dá.

Cada alma vive no clima espiritual que elegeu, procurando o tipo de experiência em que situa a própria felicidade.

Estejamos, assim, convictos de que os nossos companheiros na Terra ou no Além são aqueles que escolhemos com as nossas solicitações interiores, mesmo porque, segundo o antigo ensinamento evangélico, teremos nosso tesouro onde colocarmos o coração".[49]

---

(49) Trechos dos capítulos 26 e 28 do livro *Roteiro*, de Emmanuel, psicografado por F. C. Xavier, Rio de Janeiro, RJ, Edição FEB.

Essas revelações de Emmanuel, de caráter universal, logicamente se aplicam também, de modo particular, à criação literária e à assimilação do pensamento através do livro. Como vemos, "fenômeno de reflexão pura e simples", ou, numa palavra: sintonia.

Desde Allan Kardec, com a Codificação, e nas obras de Léon Denis, Flammarion, Delanne, Aksakof, Bozzano, Carlos Imbassaí e tantos outros cultos exposiores de nossa Doutrina Espírita, temos aprendido que, de modo geral, os escritores – como acontece, aliás, com os outros trabalhadores do pensamento – são médiuns, intuitivos quase sempre, e muitas vezes inconscientes dessa realidade...

Os livros espíritas citam exemplos numerosos. Basta lembrar, de escantilhão, Virgílio, Dante, Tasso, Milton, Shakespeare, Shelley, Goethe, Blake, Musset, Balzac, Lamartine, Michelet, Hugo, Heine, Bullwer Lytton, Maupassant... Todos reconheceram o fato da influência do invisível em seu trabalho intelectual, ou a inspiração, ou estranhos fenômenos psíquicos, ou sugestões boas ou más...

Ao revés, muitos escritores não percebem o influxo do mundo espiritual na elaboração de sua obra.

Acabo de ler, no *Reformador*[50], um excelente

---

(50) *Reformador,* julho de 1970, pág. 158.

artigo do culto confrade Alberto Romero – "Literatura e Espiritismo" –, em que vêm citadas palavras de Kafka, um dos mais famosos filósofos do absurdo... mas que reconhece em seu *Diário:* "Não há outro mundo senão o mundo espiritual". E ainda esta outra confissão do mesmo escritor, transmitida a Gustav Janouch, que vem confirmar o que nestas páginas está dito: "Escrever é, na realidade, uma forma de evocar os Espíritos".

A longa experiência mediúnica, de mais de quarenta anos, de Chico Xavier confirma tudo isso, pelo testemunho pessoal de escritores desencarnados que puderam, depois da morte física, compreender melhor ou descobrir a origem dos seus escritos...

* * *

Num de nossos serões de Pedro Leopoldo, com o querido Chico, pude anotar uma observação interessantíssima de Emmanuel sobre o assunto.

Disse-nos o esclarecido mentor que, na realidade, a maioria dos romances terrenos – incluindo-se novelas, romances policiais, etc. –, era de origem transcendental. Acentuou que, *em média,* 75% do conteúdo desses romances exprimem *realidade espiritual,* representada por reminiscências ou intuições do escritor-médium ou, então, fruto de inspiração mediúnica. Quanto aos restantes 25% poderiam ser computados como ficção ou fabulação do escritor, significando distorções eventuais ou provocadas.

Recordo-me de que o termo *maioria* foi cuidadosamente empregado por Emmanuel, considerando-se, como ele salientou, que há muitos livros dessa ordem com base em apontamentos autobiográficos, sem esquecer o gênero de história romanceada...

Acrescentou ele, na ocasião, que muitos livros perturbadores surgem na Terra por influência das zonas espirituais infelizes que rodeiam nosso mundo.

As porcentagens acima citadas, ainda nos afirmou ele, nada têm de absoluto, mas, no seu entender, são concordes com a realidade, traduzido a média de exatidão.

✳ ✳ ✳

Eis, caro leitor, alguns assuntos propostos, de inegável interesse espiritual, para nossas meditações...

3

SABEDORIA NA INTIMIDADE

A QUE COMPARAR AS BELAS SENTENÇAS DE EMMANUEL, distribuídas carinhosamente em nossos momentos de meditação, em fraterno convívio junto ao coração afetuoso de Chico Xavier, quando a palavra de Jesus alimentava nossos Espíritos?

Eram máximas e axiomas, aforismos e preceitos espirituais, glosando alguma lição evangélica estudada ou um ensinamento da Codificação Kardequiana que fora motivo de nossos estudos ou observações.

Já disse que lembram os famosos *Tischreden* de Lutero em suas conversas informais às refeições. Fazem recordar ainda as singelas e edificantes gnomas dos Játacas budistas ou preciosos analectos de Confúcio.

Recebíamos – os participantes dessas tertúlias espirituais – essas dádivas do grande amigo, testemunhos da alteza de suas concepções, quais preciosos conselhos de um pai carinhoso ou de um mestre devotadíssimo. E sentíamos haver encontrado essas duas categorias no coração de nosso incansável benfeitor.

Com que bondade, muitas vezes, ele nos recordava o reto procedimento, no respeito sincero ao pensamento e ao livre-arbítrio do próximo, fazendo-nos entender a imperiosa necessidade de equilíbrio nas relações humanas, equilíbrio feito de compreensão e amor fraterno. E sentenciava: *Um dos maiores pecados do mundo é diminuir a alegria dos outros.*

Sempre nos concitou ao estudo e ao trabalho, recomendando-nos aquela voluntária disciplina, que fora base do convênio espiritual com seu instrumento mediúnico. Experiências das almas eram respeitosamente trazidas à nossa lembrança, para edificação de nossos Espíritos, e o conselho afetuoso era paternalmente oferecido em arremate singelo: *Você fará tudo, aproveitando os minutos...*

Sempre nos trazia convincentes exemplos de Espíritos esforçados que souberam, adestrando fé e perseverança, vencer obstáculos e atingir as metas da vida. Profundo conhecedor da História, valia-se dos exemplos nobres deixados pelos corações heroicos – e muitas vezes também de esquecidos símbolos mitológicos ou velhas tradições religiosas – para desenvolver nossa fortaleza interior e motivar-nos a subida para Deus. Seu ensino sempre teve um caráter eminentemente positivo e otimista, mas nem por isso deixava de advertir-nos do perigo das quedas espirituais, à semelhança do Divino Mestre, e fazer-nos lembrar a mulher de Ló. Rematava sempre com uma síntese dos ensinamentos preciosos: *Cada esforço sincero de ascensão é um envoltório que se vai, aclarando nossa visão; mas cada queda é uma venda a agravar nossa cegueira.*

Recordo-me de que um dos ditos de Emmanuel, sempre repetido para que se gravasse profundamente em nosso espírito, tão tendente a imprudência e pre-cipitações, era justamente este: *Não corte onde possa desatar...*

Traçou para seu filho espiritual um lema – *Traba-lhar sempre e caminhar para diante* e ofereceu-lhe um método de vida integral: *Estudo e trabalho, com disci-plina e dever cumprido.*[51]

Na intimidade, também nos dizia, soerguendo nosso bom ânimo, convidando-nos ao cumprimento de todos os nossos deveres, sem acomodamentos na inér-cia e sem delongas na execução das tarefas que nos fo-ram confiadas: *Vamos trabalhar, como se amanhã já não fosse possível fazer mais nada!*

Essas recomendações nos traziam à memória as advertências, também sábias, de Marco Aurélio:

---

(51) Elias Barbosa, *op. cit.*, págs. 18 e 64.

"Recorda há quanto tempo andas adiando o que tens de fazer e quão frequentes são as oportunidades que os deuses te concedem; todavia, continuas a adiar. Deves ter percebido, finalmente, de que universo és parte, e de que administrador do universo tua existência é um eflúvio; deves ter percebido, igualmente, que um limite de tempo te está fixado e que, se o não usares para expulsar as nuvens da mente, ele terminará, e tu também, para nunca mais voltar". (*Pensamentos,* II, 4.)

Não é de outra natureza e essência o Espírito Emmanuel. E não de agora. Tito Lívio Ferreira, em sua biografia de Nóbrega, assim confirma o caráter do incansável missionário: "Nóbrega não descansa nem se cansa. Trabalha com desespero, com angústia, com ardor, como se pressentisse a vida fugir-lhe dia a dia".[52]

✳ ✳ ✳

Um dos mais belos testemunhos da elevada sabedoria de Emmanuel é, sem dúvida, o seu livro *A Caminho da Luz.* Síntese da História da Civilização à luz do Espiritismo, panorama da História vista do Alto, transcendente *bird-eye view* da evolução da Humanidade, *A Caminho da Luz* é também um hino de sublimado amor a Jesus Cristo, *Verbo de Luz e de Amor do Princípio, cuja genealogia se confunde na poeira dos sóis que rolam no Infinito* (cap. III).

---

(52) Tito Lívio Ferreira, *op. cit.,* pág. 187.

É o estudo do "ascendente espiritual no curso de todas as civilizações terrestres", num verdadeiro tratado de autêntica etnopsicologia. Com incomparável poder de síntese, Emmanuel nos desenha a espiral da evolução, desde a gênese planetária até às grandes transições do mundo moderno e, avançando pelo amanhã que nos é desconhecido, conclui seu compêndio de beleza e sabedoria com uma visão profética intitulada *O Evangelho e o Futuro.*

Em Pedro Leopoldo, tive a ventura de ler os originais desse segundo livro mediúnico de Emmanuel, antes mesmo que a Federação Espírita Brasileira o lançasse, em 1939. Juntos, meditávamos, muito felizes – era grande nossa alegria ao folhear e comentar os manuscritos de Emmanuel – as grandes elucidações a respeito da grandeza espiritual de nosso Divino Mestre.

Recordo-me daqueles dias distantes; ouvia, comovido e encantado, a palavra inspirada do humilde e jovem medianeiro de Emmanuel, a respeito da gênese planetária, da Comunidade dos Espíritos Puros, do surgimento da vida em nosso mundo, da sábia intervenção das Forças Espirituais nos primeiros tempos do planeta terrestre, mas, acima de tudo, a respeito de Jesus...

Era com imensa ternura, com transbordante amor, que Chico me lia os luminosos parágrafos de Emmanuel referentes ao Excelso Amigo de Sempre:

"Só Jesus não passou, na caminhada dolorosa das raças, objetivando a dilaceração de todas as fronteiras para o amplexo universal. Ele é a Luz do Princípio e nas Suas mãos misericordiosas repousam os destinos do mundo. Seu coração magnânimo é a fonte da vida para toda a humanidade terrestre. Sua mensagem de amor, no Evangelho, é a eterna palavra da ressurreição e da justiça, da fraternidade e da misericórdia. Todas as cousas humanas passaram, todas as cousas humanas se modificarão. Ele, porém, é a luz de todas as vidas terrestres, inacessível ao tempo e à destruição."

Com que emoção Chico lia, para depois comentar, sob a inspiração do iluminado mentor espiritual, os parágrafos finais de *A Caminho da Luz*.

Parece-me ainda sentir, na acústica da alma, a doçura de sua voz, transmitindo-nos os apelos e ensinos de Emmanuel:

"Trabalhemos por Jesus, ainda que a nossa oficina esteja localizada no deserto das consciências.

Todos somos chamados ao grande labor e o nosso mais sublime dever é responder aos apelos do Escolhido.

Revendo os quadros da história do mundo, sentimos um frio cortante neste crepúsculo doloroso da civilização ocidental. Lembremos a misericórdia do Pai e façamos as nossas preces. A noite não tarda e, no bojo de suas sombras compactas, não nos esqueçamos de Jesus, cuja misericórdia infinita, como sempre, será a claridade imortal da alvorada futura, feita de paz, de fraternidade e de redenção."

Foi numa dessas horas inesquecíveis de instrução espiritual que ouvi do nosso caro Xavier uma dissertação de Emmanuel a respeito do imperfeito amor que, em transcorridas existências, oferecemos ao Divino Amigo. Esse imperfeito amor era o amor egoísta e cego, a buscar, na Fonte da Vida, água para dessedentar a própria sede, indiferente às necessidades do próximo, a morrer faminto ou sedento aos nossos pés...

Emmanuel, que tantas vezes comentou sabiamente a Parábola do Bom Samaritano, vê, no "samaritano da bênção", o exemplo a ser imitado, consoante o próprio Divino Exemplo de Jesus Cristo.

Pude anotar, então, o que o sábio instrutor entende por *amar a Jesus* e em que consiste nossa desventura, quando descambamos na devoção cega e vazia: *Nossa grande infelicidade, no transcurso das vidas sucessivas, tem sido não havermos amado bastante a Jesus na pessoa do próximo, de vez que o próximo é sempre alguém por Jesus a solicitar-nos amor.*

✳✳✳

Nas catacumbas da Via Nomentana, nos subúrbios da Roma de Adriano, Nestório pregava o Evangelho...

O senador Públio Lentulus voltara às lutas terrenas, poucos anos após as ruínas fumiflamantes de Pompeia, qual ele mesmo – nosso querido Emmanuel – nos relata no seu admirável *50 Anos Depois.*

"Nessas assembleias primitivas, quando o messianismo doutrinário estava saturado dos ensinamentos puros e simples, o expositor da Boa Nova era obrigado a elucidar os pontos evangélicos em relação com a vida prática de alguém que estivesse em dúvida" – podemos ler no segundo romance de Emmanuel.

Assim sendo, diversos ouvintes da pregação evangélica se aproximaram de Nestório, buscando uma elucidação ou um consolo.

Um deles lhe faz a seguinte interrogação:

"– Nestório, que será de mim, vitimado pelas intrigas e calúnias dos vizinhos?... Quero aprender a progredir na fé, mas a provocação da maledicência não mo permite".

A resposta do pregador foi pronta e sábia:

– E acaso poderás ir a Jesus deixando-te encarcerar pelas opiniões do mundo? A ciência do bem viver não está somente em não nos incomodarmos com os pensamentos e atos de quem quer que seja, mas em deixar,

também, que os outros se importem constantemente com a nossa própria vida.[53]

Reporto-me a esse episódio da Vida de Emmanuel, no longínquo século II de nossa era, para lembrar uma observação que anotei há muitos anos, um velho "propos de table" de nosso sábio instrutor, confortando seu filho espiritual nos primeiros tempos de sua missão, quando era alvo de dolorosas e ingratas contestações: *Meu filho, a boca do mal é como a boca da noite: ninguém consegue fechá-la... Prossigamos.*

Nosso distinto confrade português Isidoro Duarte Santos, diretor da excelente revista espírita "Estudos Psíquicos", de Lisboa, também registra o precioso ensinamento de Emmanuel, ouvido também numa conversação com o médium Xavier: *Olha, a boca do mal na Terra é como a boca da noite. Ninguém consegue fechá-la. Vamos trabalhar, trabalhar...*[54]

Numa tranquila manhã de Petrópolis, na alvorada da primavera de 1968, conversávamos – o médium Xavier, a prezada irmã Susana Maia Mousinho, minha esposa e eu.

Comentávamos a voracidade irremissível do tempo, o velho Cronos devorador de suas próprias criações... Não caíramos, felizmente, em posição mental pessimis-

---

(53) F. C. Xavier, *50 Anos Depois,* Edição FEB, 1940, págs. 92/93.
(54) *Estudos Psíquicos,* Lisboa, setembro de 1965.

ta, pois, meditando na lei desse eterno transformismo fenomênico, sentíamos que os reinos do Espírito jamais eram atingidos pela aniquilação saturnina...

Num soneto psicografado pelo Chico, nossa abençoada e admirável Auta de Souza já definira com precisão suas áreas de influência:

Lembra-te, enquanto é cedo! Tudo, tudo
O tempo extingue, generoso e mudo,
Menos o Eterno Bem que, excelso, arde...

E onde estiveres, torturado embora,
Faze do bem a luz de cada hora,
Antes que a dor te ajude, triste e tarde!

Foi então que, numa de suas sentenças magistrais, Emmanuel sintetizou para nós, que o ouvíamos através da palavra inspirada de seu instrumento mediúnico, toda a palestra daquela manhã: *Neste mundo material, tudo está sujeito a mudanças. Só uma coisa não muda: a lei da mudança.*

Não se esqueceu Chico de fazer-nos sentir que essa "lei da mudança" é um aspecto da grande lei da evolução, que tudo rege na vida, conduzindo-nos sempre para a frente e para o Alto...

4

ORIENTAÇÃO PARA TODOS

ALEGRO-ME DE REPETIR A AFIRMATIVA FELIZ DE DR. Rômulo Joviano, um fiel amigo de nosso grande benfeitor espiritual: *Nunca ninguém bateu à porta de Emmanuel que não fosse atendido...*

E se assim sempre aconteceu nos caminhos da caridade evangélica, no socorro às angústias e penúrias da vida física, de igual modo sucedeu quanto à orientação espiritual: Emmanuel tem sempre distribuído fartamente e amplamente os dons de seu elevado saber com todos os que lhe buscam, com sinceridade, luz para o caminho.

Incontáveis as páginas com que o generoso Espírito atendeu a companheiros que lhe solicitavam uma palavra de orientação, uma bênção para a mente torturada, um alvitre para superar as atribulações da vida.

A palavra conselheiral, o estímulo superior, a força da coragem, despontavam sempre, grafadas na mais humilde e fraternal linguagem numa pequenina página, ou numa longa mensagem, trazendo ânimo novo ao peregrino angustiado...

Centenas e centenas de confrades nossos, neste longo caminho de Chico Xavier, desde os dias mais serenos dos primeiros tempos de sua missão, através das árduas e solitárias jornadas pelos territórios da dor e da incompreensão, até o dia de hoje, centenas, milhares de companheiros nossos têm testemunhado essa contínua efusão de amor e sabedoria de Emmanuel sobre corações feridos e mentes atormentadas...

São páginas de orientação pessoal com que, *sempre que possível,* o generoso mentor conforta e esclarece seus irmãos da Terra, ou provê a esse conforto através de outros mensageiros, inclusive patrocinando a comunicação de familiares dos próprios companheiros nossos, aflitos, que buscam consolação junto ao médium Xavier. Desse abençoado e silencioso amparo de Emmanuel, em favor de tantos corações angustiados, o leitor poderá ter conhecimento através do magnífico volume, recém-publicado, de nosso distinto confrade Dr. Elias Barbosa – *Presença de Chico Xavier.*[55]

Importante é acentuar o outro aspecto, porventu-

---

(55) Elias Barbosa, *Presença de Chico Xavier,* Edição Calvário, São Paulo, 1970.

ra mais amplo – a missão do livro mediúnico – significando *orientação coletiva,* bem como, no mesmo sentido em favor da família humana, as suas mensagens, em número incalculável, psicografadas quase sempre ao término das sessões públicas e dirigidas *a todos* (com raras exceções), a todos os que sofrem e lutam, a instituições e congressos espíritas, a todos os que querem evoluir.

Eis, assim, nosso grande Emmanuel, em sua missão de orientador espiritual, participando de nossas lutas e anseios e ajudando-nos, muitas vezes particularmente, mas também e sempre na condição de instrutor e amigo de todos, consoante o exemplo do Divino Mestre, a Quem ele denominou sabiamente – *o Amigo de Todos.*

Suas mensagens e seus livros são, desta sorte, sua palavra dirigida à humanidade, além de fronteiras e latitudes.

E é confortador acrescentar – e aqui trago meu humilde testemunho – que mensagens e livros de Emmanuel, sem a mínima influência pessoal do médium Xavier, vão sendo traduzidos para várias línguas, alcançando um público ledor cada vez mais amplo. Em espanhol, em inglês, em francês, em árabe, em esperanto e a caminho de outras línguas, a palavra de Emmanuel já se tornou universal.

Um amigo de São Paulo, o culto confrade Dr. Reinaldo Kuntz Bsch, me declara, numa carta, considerar Emmanuel *o maior cristianizador, através da psicografia, dos povos de língua portuguesa.*

Exatíssimo. E agora sua missão evangelizadora se estende, mais e mais, iluminando o mundo. Também nesse fato se repete o que aconteceu nos dias de Nóbrega.

As cartas de Nóbrega, as famosas "Cartas do Brasil", que ele começou a escrever em 1549, diz Serafim Leite, "começaram a divulgar-se muito cedo, ainda em vida do Autor, em diversas coletâneas, *quer em português, quer traduzidas em espanhol, italiano e algumas em latim.* Não se publicaram todas, apenas as que tinham caráter informativo geral. Causaram admiração na Europa pelas coisas do Novo Mundo...[56]

E agora Emmanuel também nos causa admiração pelas verdades de um Novo Mundo que nos revela em suas mensagens, não propriamente à maneira de André Luiz, mas oferecendo-nos os recursos da luz renovadora, no espírito eterno do Evangelho de Cristo, a fim de motivar e favorecer nossa ascese espiritual.

※※※

_____

(56) Serafim Leite, S. I., *Novas Cartas Jesuítas,* Brasiliana, vol. 194, Cia. Ed. Nac. 1940, pág. 21.

Orientação para todos. Ei-la em seus livros e em suas mensagens.

Não sendo possível exemplificar, neste singelo trabalho, toda a amplitude e universalidade de sua obra de esclarecimento, que realmente se multiparte, atingindo os mais variados distritos do pensamento e da vivência humana, vou respigar de seus livros algumas poucas e breves lições, que significam orientação espiritual para todos...

Para os que já conhecem e amam sua obra mediúnica, de singular beleza ética e alto nível espiritual, estas breves citas são fraterno convite à releitura de seus livros, para mais ampla e proveitosa edificação, numa redescoberta de muitas verdades.

Para os que ainda não conhecem sua obra, psicografada por Francisco Cândido Xavier, valem estes excertos por respeitosa indução ao estudo de seus livros.

Ei-lo, o nobre Espírito Emmanuel, a apontar-nos o esquecido caminho que conduz à Vida.

Ao homem da era espacial, tantas vezes faminto de paz interior e pobre de luz, ele adverte: "Transita-se agora da Terra para a Lua, ultrapassando-se as barreiras de gravitação. No entanto, muito de raro em raro, aprendemos a superar as trincheiras da indiferença ou da aversão para viajar de uma casa para outra ou de nossa alma para outra alma, a serviço da paz. Ciência e vida: bendita seja a inteligência que esculpe as técnicas avançadas do progresso, responsáveis pelas novas facilidades humanas, entretanto, é preciso reconhecer que, sem Jesus Cristo aplicado à nossa própria vida, estaremos sempre andrajosos e famintos de coração".

Embora reconhecendo as contingências da vida, quem não deseja ser, pelo menos, relativamente feliz? Quem não sonha com a felicidade? Emmanuel nos ensina a alcançá-la: "Enriquece de cultura os dotes que te enfeitam a personalidade e realiza na Terra os nobres ideais afetivos que te povoam os pensamentos, no entanto, se queres que a felicidade venha morar efetivamente contigo, auxilia igualmente a construir a felicidade dos outros. Nosso encontro com aqueles que sofrem dificuldades e provações maiores que as nossas será sempre, em qualquer lugar, o nosso mais belo e mais duradouro encontro com Deus".

Em geral, nos caminhos probatórios da Terra, costumamos tão só, ou quase só, catalogar mágoas e inventariar nossas dores e frustrações. O nobre benfeitor nos ensina nova arte, uma abençoada técnica espiritual – *somar as bênçãos:* "Em quaisquer embaraços ou crises do caminho, soma as bênçãos que já possuis e reconhecerás que todo motivo para desalento é nuvem pequenina a desfazer-se no céu imenso de tuas possibilidades. Suceda o que suceder nas trilhas da vida, em matéria de amargura ou de aflição, ergue a fronte e caminha para diante, trabalha e aprende, abençoa e serve, porquanto, diante de Deus e à frente dos companheiros que se nos conservam fiéis, a palavra desânimo é quase sempre o outro nome da ingratidão".

Profundo psicólogo, grande educador, seu percuciente olhar penetra nossas mais íntimas necessidades, e seu grande coração sabe guiar-nos nos sombrios caminhos do mundo: "Se abolimos a prece na vivência cotidiana, como harmonizar as energias da própria alma, a fim de compreender a vida, no tumulto das experiências menos felizes? Provavelmente estaremos atravessando crises e empeços nos caminhos da luz, mas se nos ausentarmos voluntariamente da luz para acomodar-nos com a sombra, decerto que a nossa situação, em qualquer terreno, se fará pior".

Seus livros são tesouros de ensinamentos sobre os mais diversos temas, aspectos, necessidades da vida humana: importância do culto evangélico no lar, o problema da compaixão em família, divórcio, aborto delituoso, educação dos filhos, as investigações científicas, os fenômenos da subconsciência, o "modus operandi" dos Espíritos, a problemática da consciência espiritual, determinismo e livre-arbítrio, coragem, renúncia, beneficência, crítica, obsessão, estudo e disciplina, carma e reencarnação, provas e expiações terrenas, fé e perdão, tentações e esperanças... e centenas de outros temas...

Sua palavra é sábia e simples, sempre otimista, mas sem fugir à abordagem dos graves assuntos que interessam à alma imortal que deve subir para Deus:

"Não conserves lembranças amargas.

Viste o sonho desfeito. Escutaste a resposta de fel. Suportaste a deserção dos que mais amas. Fracassaste no empreendimento. Colheste abandono. Padeceste desilusão.

Entretanto, recomeçar é bênção na Lei de Deus.

A possibilidade da espiga ressurge na sementeira. A água, feita vapor, regressa da nuvem para a riqueza da fonte. Torna o calor da primavera, na primavera seguinte. Inflama-se o horizonte, cada manhã, com o fulgor do Sol, reformando o valor do dia. Janeiro a janeiro, renova-se o ano, oferecendo novo ciclo ao trabalho.

É como se tudo estivesse a dizer: "Se quiseres, podes recomeçar".

Disse, porém, o Divino Amigo que ninguém aproveita remendo novo em pano velho.

Desse modo, desfaze-te do imprestável. Desvencilha-te do inútil. Esquece os enganos que te assaltaram. Deita fora as aflições improfícuas.

Recomecemos, pois, qualquer esforço com firmeza, lembrando-nos, todavia, de que tudo volta, menos a oportunidade esquecida, que será sempre uma perda real."

✳✳✳

Impossível seria escolher excertos ou conceitos, reveladores de seu elevado pensamento filosófico, em milhares de mensagens ou nos seus livros, dezenas de volumes, para incorporá-los a estas páginas...

Por isso, para rematar este capítulo em torno do problema da orientação espiritual, trago à meditação do leitor uma antiga mensagem do magnânimo Amigo da Eternidade, que nosso caro médium Xavier psicografou, há muitos anos, numa sessão pública do Grupo Espírita Luís Gonzaga, e que tem por título, justamente, *Orientação*. Orientação para todos. Endereço coletivo.

Eis, na íntegra, a bela mensagem de 1º de dezembro de 1950:

ORIENTAÇÃO

"Muitos companheiros solicitam orientação do Céu para a vitória nas lutas da Terra, mas, em verdade, não necessitamos de novos esclarecedores e sim de ação mais intensiva na obra santificante do bem.

O caminho é o mundo...

Mundo-escola e mundo-oficina, em que valiosas oportunidades felicitam a alma, fielmente interessada na própria redenção.

Não nos detenhamos na expectativa dos que adoram o Senhor, sem qualquer esforço para servi-lo. Ele próprio legou-nos, com a Boa Nova, o mapa luminoso para a romagem triunfante na Terra.

Libertemos a claridade que jaz enclausurada em nosso coração e avancemos.

Há espinhos reclamando o trabalho eficiente de remoção.

Feridas que pedem bálsamo.

Aflições que mendigam paz.

Pedras à espera de braços amigos que a ajudem.

Há mentes encarceradas na sombra, rogando o concurso iluminativo.

Há crianças abandonadas, implorando socorro para consolidar as bases em que recomeçam a vida nova.

Quem estiver procurando a inspiração dos Anjos, não se esqueça dos lugares onde os

Anjos colaboram com o Céu, diminuindo o sofrimento e a ignorância na Terra.

Agir no bem é buscar a simpatia dos Espíritos Sábios e Benevolentes, encontrando-a.

Se Jesus não parou em contemplação inoperante, transitando no serviço ao próximo da Manjedoura até a Cruz, ninguém aguarde a visitação dos Mensageiros Divinos paralisando as mãos na esperança sem trabalho e na fé sem obras.

O progresso da mediunidade e da espiritualização é problema de boa vontade na cooperação fraterna, porque somente buscando trazer o Céu ao mundo, pela nossa aplicação justa ao bem, é que descobriremos a estrada verdadeira que nos conduzirá efetivamente ao Céu. – EMMANUEL."

5

EMMANUEL E MEDICINA

ESTE CAPÍTULO É, DE ALGUM MODO, PROSSEGUIMENTO do anterior. Ou o anterior, sob outro ângulo.

Na dúplice impossibilidade de levantar uma perfeita imagem de Emmanuel, mesmo apenas como sábio orientador – falecem-me recursos intelectuais e o propósito deste trabalho não é tão amplo – quero oferecer ao leitor três edificantes páginas do nobre instrutor sobre o problema conexo de nossa saúde espiritual e nossas enfermidades físicas.

Através de existências várias, inclusive as de tarefas religiosas, Emmanuel pode acumular vastos cabedais de conhecimento das ciências médicas, hauridos nos veneráveis santuários do Oriente e à sombra dos velhos mosteiros da Europa.

Deixo de relatar – por fugirem ao escopo destas

páginas em face de seu caráter intimamente pessoal – vários fatos comprobatórios da alteza da cultura científica de Emmanuel no vasto campo da Medicina.

Creio mesmo que melhor que enumerar quaisquer episódios, embora válidos e autênticos, será oferecer à consideração do leitor as páginas a seguir transcritas, dignas do mais consciencioso estudo, por nos trazerem inestimável contribuição ao caminho evolutivo.

A primeira mensagem é intitulada *"Enfermidade"*:

"Ninguém poderá dizer que toda enfermidade, a rigor, esteja vinculada aos processos de elaboração da vida mental, mas todos podemos garantir que os processos de elaboração da vida mental guardam positiva influenciação sobre todas as doenças.

Há moléstias que têm, sem dúvida, função preponderante nos serviços de purificação do Espírito, surgindo com a criatura no berço ou seguindo-a, por anos a fio, na direção do túmulo.

As inibições congeniais, as mutilações imprevistas e as enfermidades dificilmente curáveis catalogam-se, indiscutivelmente, na tabela das provações necessárias, como certos medicamentos imprescindíveis figuram na ficha de socorro ao doente; contudo, os sintomas patológicos na experiência comum, em maioria esmagadora, decorrem dos reflexos infelizes da mente sobre o veículo de nossas manifestações, operando desajustes nos implementos que o compõem.

Toda emoção violenta sobre o corpo é semelhante a martelada forte sobre a engrenagem de máquina sensível, e toda aflição amimalhada é como ferrugem destruidora, prejudicando-lhe o funcionamento.

Sabe hoje a Medicina que toda tensão mental acarreta distúrbios de importância no corpo físico.

Estabelecido o conflito espiritual, quase sempre as glândulas salivares paralisam as suas secreções, e o estômago, entrando em espasmo, nega-se à produção de ácido clorídrico, provocando perturbações digestivas a se expressarem na chamada colite mucosa. Atingido esse fenômeno primário que, muita vez, abre a porta a temíveis calamidades orgânicas, os desajustamentos gastrintestinais repetidos acabam arruinando os processos de nutrição que interessam o estímulo nervoso, determinando variados sintomas, desde a mais leve irritação da membrana gástrica até a loucura de abordagem complexa.

O pensamento sombrio adoece o corpo são e agrava os males do corpo enfermo.

Se não é aconselhável envenenar o aparelho fisiológico pela ingestão de substâncias que o aprisionem ao vício, é imperioso evitar os desregramentos da alma que lhe impõem desequilíbrios aviltantes, quais sejam aqueles hauridos nas decepções e nos dissabores que adotamos por flagelo constante do campo íntimo.

Cultivar melindres e desgostos, irritação e mágoa é o mesmo que semear espinheiros magnéticos e adubá-los no solo emotivo de nossa existência, é intoxicar, por conta própria, a tessitura da vestimenta corpórea, estragando os centros de nossa vida profunda e arrasando, consequentemente, sangue e nervos, glândulas e vísceras do corpo que a Divina Providência nos concede entre os homens, com vistas ao desenvolvimento de nossas faculdades para a Vida Eterna.

Guardemos, assim, compreensão e paciência, bondade infatigável e tolerância construtiva em todos os passos da senda, porque somente ao preço de nossa incessante renovação mental para o bem, com o apoio do estudo nobre e do serviço constante, é que superaremos o domínio da enfermidade, aproveitando os dons do Senhor e evitando os reflexos letais que se fazem acompanhar do suicídio indireto."[57]

* * *

Outra mensagem de Emmanuel, de igual título, foi publicada no acatado jornal *Desobsessão,* órgão do Hospital Espírita de Porto Alegre, RS, em seu número de outubro de 1965. Ei-la:

"Enquanto nos escasseie educação, nos domínios da mente, a enfermidade por mortificação involuntária desempenhará expressivo papel em nossa vida espiritual.

Na maioria das circunstâncias, somos nós quem lhe pedimos a presença e o concurso, antes da reencarnação, no campo da existência física, à maneira do viajor, encomendando recursos de segurança para a travessia do mar; e, em ocasiões outras, ela constitui auxílio de urgência, promovido pela bondade dos amigos que se erigem, nas esferas superiores, à condição de patronos da nossa libertação para a Vida Maior.

---

(57) Francisco C. Xavier, *Pensamento e Vida,* pelo Espírito Emmanuel, Edição FEB, Rio de Janeiro, 1958, cap. 28.

À face de semelhante motivo, doenças existem de múltiplas significações, como sejam:

inibibições trazidas do berço, moléstias--amparo, comboiando votos de melhoria moral;

dermatoses recidivantes, moléstias-proteção, coibindo desmantelos do sentimento;

mutilações congênias, moléstias-refúgio, impedindo a queda em atos de violência ou venalidade;

incômodos imprevistos, moléstias-socorro, evitando o mergulho da alma em compromissos inferiores;

males de longo curso, moléstias-abrigo, obstando o enredamento da criatura nas tramas da obsessão.

Certamente, ninguém deve acalentar desequilíbrios orgânicos sob a desculpa de buscar a purificação da vida interior.

O corpo físico é para a alma encarnada aquilo que máquina significa, à frente do operário – instrumento de serviço e progresso, que ele recebe de autoridade maior, a fim de produzir a benefício dos outros e de si próprio, cabendo-lhe a obrigação de assisti-la constantemente e restaurá-la sempre que necessário.

*Todavia, diante da doença que persiste
no corpo, a despeito de todas as medidas acau-
telatórias e defensivas, é imperioso reconhe-
cer-lhe a função providencial e tratá-la com a
certeza de quem carrega consigo a luz de uma
bênção."*

✳✳✳

Encerra este capítulo uma antiga página de nosso
benemérito instrutor espiritual, psicografada pelo médium Xavier em Pedro Leopoldo em 1941 e pelo nobre
mensageiro dedicada – diz uma anotação que acompa-
nha a mensagem – "aos numerosos doentes que costu-
mam buscar-lhe a influência confortadora". Intitula-se
Lembrança fraternal aos enfermos:

*"Queres o restabelecimento da saúde do
corpo e isso é justo. Mas atende ao que te lem-
bra um amigo que já se vestiu de vários corpos,
e compreendeu, depois de longas lutas, a necessidade da saúde espiritual.*

*A tarefa humana já representa, por si,
uma oportunidade de reerguimento aos Espíritos enfermos. Lembra-te, pois, de que tua alma
está doente e precisa curar-se sob os cuidados
de Jesus, o nosso Grande Médico.*

Nunca pensaste que o Evangelho é uma receita geral para a humanidade sofredora?

É muito importante combater as moléstias do corpo; mas ninguém conseguirá eliminar efeitos, quando as causas permanecem. Usa os remédios humanos, porém, inclina-te para Jesus e renova-te, espiritualmente, nas lições de Seu amor. Recorda que Lázaro, não obstante voltar do sepulcro, em sua carne, pela poderosa influência do Cristo, teve de entregar seu corpo ao túmulo, mais tarde. O Mestre chamava-o ao novo ensejo de iluminação da imperecível, mas não ao absurdo privilégio da carne imutável.

Não somos as células orgânicas que se agrupam, a nosso serviço, quando necessitamos da experiência terrestre. Somos Espíritos imortais e esses microrganismos são naturalmente intoxicados, quando os viciamos ou aviltamos, em nossa condição de rebeldia ou de inferioridade.

Os estados mórbidos são reflexos ou resultantes de nossas vibrações mais íntimas. Não trates as doenças com pavor e desequilíbrio das emoções. Cada uma tem sua linguagem silenciosa e se faz acompanhar de finalidades especiais.

A hepatite, a indigestão, a gastralgia, o

resfriado são ótimos avisos contra o abuso e a indiferença. Por que preferes bebidas excitantes, quando sabes que a água é a boa companheira, que leva os piores detritos humanos? Por que o excesso dos frios no verão e a demasia de calor nos tempos de inverno? Acaso ignoras que o equilíbrio é filho da sobriedade? O próprio irracional tem uma lição de simples impulso, satisfazendo-se com a sombra das árvores na secura do estio e com a bênção do sol nas manhãs hibernais. Pela tua inconformação e indisciplina, desordenas o fígado, estragas os órgãos respiratórios, aborreces o estômago. Observamos, assim, que essas doenças-aviso se verificam por causas de ordem moral. Quando as advertências não prevalecem, surgem as úlceras, as nefrites, os reumatismos, as obstruções, as enxaquecas. Por não se conformar o homem com os desígnios do Pai, que criou as leis da natureza como regulamentos naturais para a sua casa terrestre, submete as células que o servem ao desregramento, velha causa de nossas ruínas.

E que dizermos da sífilis e do alcoolismo, procurados além do próprio abuso?

Entretanto, no capítulo das enfermidades

que buscam a criatura, necessitamos considerar que cada uma tem sua função justa e definida.

As moléstias dificilmente curáveis, como a tuberculose, a lepra, a cegueira, a paralisia, a loucura, o câncer são escoadouros das imperfeições. A epidemia é uma provação coletiva, sem que essa afirmativa, no entanto, dispense o homem do esforço para o saneamento e higiene de sua habitação. Há dores íntimas, ocultas ao público, que são aguilhões salvadores para a existência inteira. As enfermidades oriundas dos acidentes imprevistos são resgates justos. Os aleijões são parte integrante das tabelas expiatórias. A moléstia hereditária assinala a luta merecida.

Vemos, portanto, que a doença, quando não seja a advertência das células queixosas do tirânico senhor que as domina, é a mensageira amiga, convidando a meditações necessárias.

Desejas a cura; é natural. Mas precisas tratar-te a ti mesmo, para que possas remediar o teu corpo. Nos pensamentos ansiosos, recorre ao exemplo de Jesus. Não nos consta que o Mestre estivesse algum dia de cama; todavia, sabemos que Ele esteve na cruz. Obedece, pois, a Deus e não te rebeles contra os aguilhões.

Socorre-te do médico do mundo ou de teu irmão do plano espiritual, mas não exijas milagres, que esses benfeitores da Terra e do Céu não podem fazer. Só Deus te pode dar acréscimo de misericórdia, quando te esforçares por compreendê-Lo.

Não deixes de atender às necessidades de teus órgãos materiais, que constituem a tua vestimenta no mundo; mas, lembra-te do problema fundamental, que é a posse da saúde para a vida eterna.

Cumpre teus deveres, repara como te alimentas, busca prever antes de remediar e, pelas muitas experiências dolorosas que já vivi no mundo terrestre, recorda comigo aquelas sábias palavras do Senhor ao paralítico de Jerusalém: "Eis que já estás são; não peques mais, para que não te suceda alguma coisa pior". EMMANUEL."[58]

---

(58) *Reformador*, setembro de 1941; F. C. Xavier, *Coletânea do Além*, Ed. Lake, São Paulo, 1946, pág. 125.

6

"SE O CONHECIMENTO DA REENCARNAÇÃO JÁ TE FELICITA..."

NUMA DE SUAS PRECIOSAS MENSAGENS, ENFEIXADAS EM seu magistral volume *Justiça Divina,* que Chico Xavier psicografou, assim conclui Emmanuel:

> *"Companheiro do mundo,* se o conhecimento da reencarnação já te felicita, *sabes que a existência na Terra é preciosa bolsa de trabalho e de estudo, com amplos recursos de pagamento. Assim, pois, seja qual seja a provação que te assinala o caminho, sofre, amando, e agradece a Deus."*[59]

Já tive oportunidade de referir-me a um humilde círculo de estudos[60] informalmente organizado, na

---

(59) F. C. Xavier, *Justiça Divina,* pelo Espírito Emmanuel, FEB, 1ª edição, 1962, cap. 37

(60) Em *Trinta Anos com Chico Xavier,* cap. XVI e outros, Araras, SP, IDE Editora.

maior intimidade do coração e da fé, em Pedro Leopoldo, e que teve prosseguimento natural, sempre que possível, em Uberaba, quando do encontro de seus participantes com o médium Xavier.

Um dos temas que muitas vezes debatemos foi o da reencarnação. Não a lei das vidas sucessivas, em si mesma, tão somente, mas em suas implicações com os demais ensinos da Codificação Kardequiana, especialmente a lei da justiça divina, o velho carma dos hindus, e a soberana lei da evolução, que tudo rege.

Devo reafirmar que no estudo desses vários aspectos do carma e do renascimento nunca se desviaram nossas conversações e comentários para a vã curiosidade ou para indiscretas pesquisas de vidas anteriores, tão ao gosto de confrades desavisados e médiuns inexperientes, em juvenil incensação de vaidades mortas...

O tema carma-reencarnação é dos que mais têm sofrido o impacto dessa irresponsabilidade que, infelizmente, ainda persiste em certos ambientes espíritas. Já é, contudo, universal esta pergunta: De que é que não se tem abusado neste pobre mundo?

Devo a Emmanuel e a outros generosos Benfeitores da Espiritualidade Superior um melhor conhecimento da lei da reencarnação, desse conhecimento que nos felicita, no dizer do sábio instrutor, pelas muitas mercês que os traz ao coração e à mente, evitando-nos maiores males e quedas, no caminho de provas e resgates que palmilhamos na Terra.

Recordei ainda, no *Trinta Anos com Chico Xavier,* que, no Mundo Espiritual, os benfeitores de nossa alma se valem desses estudos com finalidades educativas, objetivando a regeneração de nossos Espíritos. E citei o capítulo X do excelente livro de André Luiz – *Ação e Reação,* em que o inteligente Silas desenovela uma vida pregressa de Laudemira, historiando amplamente os dolorosos acontecimentos ocorridos na Corte de Joana II, rainha de Nápoles, de 1414 a 1435. E o faz com citações de nomes e fatos: Guilherme, Duque da Áustria, Jaime de Bourbon, Conde de la Marche, aventuras, crimes e leviandades da aristocracia sibarita do século XV. A finalidade dessa imersão no passado foi ilustrar ao vivo a dolorosa urdidura de uma existência expiatória.

Não só André Luiz, mas ainda o venerando Cnéio Lucius – cuja grandeza espiritual podemos sentir no *50 Anos Depois,* de Emmanuel –, numa instrutiva mensagem íntima, recebida pelo nosso Chico em Pedro Leopoldo, em 1941, e até agora inédita, mostra os benefícios desses estudos, quando feitos conscienciosamente:

"(...) Acompanhei com muito interesse a palestra de vocês referentemente ao passado. A vida tem surpresas em todos os tempos e em todos os caminhos. Infinitamente bom é Deus, que nos organizou uma escola tão santificada como a Terra, onde podemos recomeçar sempre, com as esperanças mais sagradas. *O passado educa, sempre que podemos observá-lo com a melhor compreensão. Isso é um remédio brando que, por vezes, amarga, mas que cura sempre, quando nossa alma está disposta ao uso regenerador.*

Aqui também recordamos muito; há lugares de repouso nas vizinhanças de nossa esfera, onde as almas que já podem resolver por si próprias vão estudar, às vezes por anos sucessivos, as páginas boas ou más de seu pretérito, a fim de organizarem nova vida, bem como as companhias mais próprias às suas necessidades justas. Como vê, minha filha,[61] *recordar é bom quando a lembrança não nos envenene o coração".*

Assim estudávamos a problemática do carma e da reencarnação, observando, em diversos aspectos, nossas lutas através das vidas sucessivas.

Emmanuel, quase sempre, era o sábio instrutor que nos ministrava essas edificativas lições, em que a humaníssima curiosidade não tomava parte, pois o nobre educador nos envolvia em sua aura de respeitabilidade, ensinando-nos a tratar desses assuntos com humildade e elevação de raciocínio, a fim de iluminar nosso coração e nossa mente na caminhada evolutiva...

---

(61) O generoso benfeitor se dirige, de modo particular, à distinta e abnegada amiga, presente à reunião.

Citações, levantamentos históricos, intimidades biográficas maiores que as da *petite histoire,* ilações, diagnoses... E com o desvelar do passado histórico do pequeno grupo, o estudo dos mais inimagináveis problemas ligados à etiologia das quedas e recidivas espirituais em nossa milenária peregrinação pelos caminhos do planeta.

Telas panorâmicas como que se formavam ante nossos olhos extasiados, enquanto a palavra sábia do Alto, quase sempre de Emmanuel, nos caía no coração qual brando consolo, ou luminoso esclarecimento, ou advertência paternal.

Fatos e épocas cronologicamente distantes se interligam a outros mais recentes ou mesmo atuais: sentíamos, assim, a conexão de todas as coisas neste maravilhoso Universo de Deus.

Não eram frias lições de uma História que desconhecesse os ascendentes espirituais na direção da vida. Eram levantamentos da realidade, através de séculos e milênios mortos...

Podíamos, assim, entender – tanto quando possível, em nossa condição de encarnados – as experiências das almas no distante Egito faraônico ou na Pérsia dos Aquemênidas, ou suas lutas regenerativas nos níveis sociais da plebe angustiada na Roma de Adriano ou Caracala, na Espanha dos Visigodos ou na França revolucionária de '89, na Corte de Catarina e Potemkin ou entre os desventurados Habsburgos...

Passávamos, na análise ponderada da justiça reencarnatória, das grandes tragédias do Baixo Império ou da Dinastia Merovíngia à Espanha dos Reis Católicos, ou à França de Carlos Martel ou de Luís XIV...

Que grandes desfiles de almas e de destinos! Heróis anônimos do Coliseu romano e poderosos faraós menfitas... Paisagens e lutas da Palestina bíblica e tragédias carolíngias... Almas angélicas e valorosas missionando em cenários de penúria e sofrimento... Orgulhos coroados, guerras sangrentas, missões silenciosas e sublimes, corações santificados na lei do sacrifício e crueldades perpetradas na sombra... Grandezas de um dia terrestre e pavorosas quedas espirituais... Almas consagradas ao amor de Jesus nos caminhos da simplicidade evangélica e expiações dolorosas de vaidades e de crimes...

Como se defrontássemos imensa tela panorâmica, tudo víamos, ouvíamos, sentíamos, aprendíamos, sensibilizados, atônitos muitas vezes, agradecidos sempre...

Como traduzir gratidão ao bom Emmanuel e ao carinhoso Chico? No silêncio do coração, sempre pergunto a mim mesmo: como agradecer tamanhas bênçãos?...

Releio breve trecho do prefácio do médium querido ao primeiro livro de Emmanuel e vejo que meu companheiros e eu podemos, de algum modo, recordando essas luzes da Eternidade que nos têm banhado as almas, fazer nossas as palavras do próprio Chico:

"Muitas vezes, quando me coloco em relação com as lembranças de minhas vidas passadas e quando sensações angustiosas me prendem o coração, sinto-lhe a palavra amiga e confortadora. Emmanuel leva-me, então, às eras mortas e explica-me os grandes e pequenos porquês das atribulações de cada instante. Recebo, invariavelmente, com sua assistência, um conforto indescritível, e assim é que renovo minhas energias..."[62]

Essas lições da Vida Espiritual, baseadas no conhecimento da reencarnação e da justiça divina, têm sido para todos nós, que as recebemos por compaixão do Alto, uma bênção de renovação, cujas dimensões são incalculáveis... Como agradecer?

* * *

Um companheiro de longas jornadas, alma querida e valorosa cuja amizade fiel e sincera é um tesouro de Deus para meu pobre coração, traz também, para juntar-se a estas páginas, um relevante depoimento, formoso testemunho de seu coração, ratificando o con-

---

(62) Francisco C. Xavier, *Emmanuel*, Edição FEB, 1938, pág. 16.

ceito de Emmanuel: o conhecimento da reencarnação felicita realmente nosso Espírito...

Esse amigo querido é nosso confrade Wallace, o Professor Wallace Leal Rodrigues, redator da *Revista Internacional de Espiritismo,* de Matão, e Professor da Faculdade de Filosofia de Araraquara, SP.

É de sua autoria o capítulo que a este se segue – um esplêndido *flashback* – traçado com a elegância de seu estilo e a nobreza de sua alma sinceramente cristã.

Prossigamos viagem, caro leitor, no caminho de sabedoria de Emmanuel, aprendendo sempre...

7

Um "flashback" de Wallace Leal Rodrigues

Noite fria, calma, a musicalidade estranhamente sensível do alto da montanha. Pedro Leopoldo, com seu exterior reservado, envolve-se em névoa lunar. Estou com Chico Xavier. Ele me fala em voz mansa e morna, sem parecer estar jogando na inconsequência dos meus vinte anos. Histórias de lutas, as disputas travadas em torno de uma dicotomia em livre curso: uma vida, uma mediunidade. De súbito, estaca. Um breve silêncio envolve-nos e eu posso captar um brilho enigmático e curioso em seu olhar. Ele me diz:

— Emmanuel faz-me ver uma cena de seu passado. É um átrio romano. A mulher de pele alva debruça-se no triclínio. Artistas, intelectuais, poetas, cercam essa mulher. Ela aceita, distraída, a corte que lhe fazem. Quando descerra os lábios, todos se calam. Sua inteligência irradia. Há quem, sofregamente, anote os seus conceitos. Seus olhos negros cintilam quando, particularmente, fixam-se em um certo homem. E esse homem é Júlio César.

Então, algo, como um raio, fraciona-me a mente. Nessa brecha, mergulho no tempo. Um misterioso maquinismo como que se aciona. Rápido! Instantâneo! Em minha imaginação, a cena que aos poucos se montara desfaz-se. E, como as ondas do mar, que fluem e refluem, remonta-se outra vez. É quase a mesma. Mas agora eu sei que a língua que falam não é o latim, é o francês. Os móveis, o ambiente, são semelhantes, mesmo porque a inspiração no século XVIII foi se abeberar em Herculanum e Pompeia, recém-descobertas. A mulher inclina-se num divã de veludo carmesim. Seu penteado e a túnica leve de gaze são quase romanos. E, a seus pés, escutam-na outros artistas, outros escritores, outros poetas. Estes eu reconheço: são Benjamin Constant, Chateaubriand, David, Schellegel. Ela sorri para o homem de olhar rapace que, atentamente, observa-a. Ela quer representar a Egéria. Ele é Napoleão Bonaparte.

Deus do céu! Eu posso lembrar. O passado, de cem anos, é ontem para mim! Posso ver a Rainha entrando na Ópera, o Duque de Orléans saindo de carruagem do Palais-Royal, o Conde d'Artois e os Polignacs fugindo de Paris. Vejo-me na Corte faustosa e, uma vez mais, com impertinência e irritação, decido ser aquela a primeira e a última vez que ponho os pés ali. Resido na Embaixada da Suécia e vejo a eclosão dos dias do Terror. Estou em Versalhes na fria madrugada em que Lafayette fala ao povo faminto que invade o saguão do castelo. Chove, eu tirito, a mão de meu pai está pousada em meus ombros. É triste refazer a rota do exílio, ainda que a beleza de Byron e de De Rocca a ilumine. Apoteoses de inteligência e a cintilação dos gênios de Schiller e Goethe não compensam a fuga pela fulva estepe da Rússia. Assento-me e, com amargura, escrevo a Talleyrand.

É terrível varrer o pó dos séculos, mas eu compreendo que só através da lembrança eu alcanço a catarse. A cena do átrio romano repetiu-se no salão francês do Diretório. Os séculos foram impotentes para me modificar. Agora vou sofrer a tortura dos antigos dias e reformular o presente. Amanhã será outro dia. Amanhã será diferente.

Noite fria, calma, a musicalidade estranhamente sensível do alto da montanha. Pedro Leopoldo... Eu tenho nas mãos crispadas a longa mensagem que o Espírito de Emmanuel endereçou-me aquela noite. Um roteiro para a vida inteira. Nele o brilho do intelecto se modifica no suave luzir de uma estrela singela. Vou segui-la e chegarei a um presépio em Belém. Respirarei fundo e, quando o pequenino Rei sair dali, eu tentarei segui-lo. A obstinação que me levou de Júlio César a Bonaparte é minha ainda. Eu vou tentar...

***

Há 150 anos. Eu faço teatro no grande salão, azul e ouro, de Coppet. Meu pai aplaude os meus gestos, a beleza dos meus braços desnudos. Os visitantes batem palmas à autoridade com que declamo as linhas de Racine e Sófocles.

Agora eu faço teatro outra vez. É um sortilégio. Tenessee Williams, Bernard Shaw. A crítica aplaude, eu ganhei o troféu. Devo partir para a Europa e burilar minha técnica. Sou muito moço, tudo isso é como um vinho capitoso. Em fieira de vidas, eu aprendi a degustar o sucesso. Hoje, todavia, há uma sombra projetada sobre mim. Sei orar e fujo do escuro que me atemoriza, lestamente caminhando ao sol da prece. Vou à presença de Chico Xavier outra vez. Aquele terno olhar, terno e bom, procura o meu:

— A roseira, tanta vez, não quer que as rosas saiam de seus braços. Mas as rosas querem enfeitar a festa da vida. Até que...

Depois, em tom conciliador:

— O Espírito Emmanuel diz que, de preferência,

você não deve sair de Araraquara. Um dia compreenderá por quê.

Eu fico. Os anos passam. Quando Watson Campello desencarna, D. Antoninha Perche Campello e José Cunha perfazem uma viagem de trinta minutos de Matão a Araraquara. Vêm oferecer-me o posto de redator da *Revista Internacional de Espiritismo,* fundada pelo heroico Cairbar Schutel. Então, eu compreendo por que deveria ficar...

***

Eu continuo calculando minhas probabilidades de sucesso. Agora a provocação é uma bolsa de um ano e três meses na Romênia, em um dos mais importantes laboratórios de cinema e teatro de toda a Europa. Ganhei-a arduamente, dirigindo *The glass menagerie,* de Williams. Hesito, quero e não quero ir. Coloco meu nome entre as consultas da noite, na *Comunhão Espírita Cristã,* de Uberaba. A folha de papel não volta, mas, ao fim da noite, Chico Xavier, inesperadamente, me diz:

— O Espírito Emmanuel aconselha-o a não ir. Diz que, em meses, você compreenderá por quê.

Dois meses depois, eclode a crise política no Brasil. Se eu tivesse partido, estaria, outra vez, com o gosto amargo do exílio na boca. A Romênia se situa por detrás da Cortina de Ferro.

* * *

Começo a trabalhar. O dinheiro que ganho é todo meu. Tenho amigas que são visitadoras sociais. Depois do meio expediente, saio com elas. Na primeira casa em que entro, um choque! Recém-nascido, o garoto tem apenas jornais em que se enrolar. Eu não posso esquecer a face triste da mãe. Mas, ainda, há outra, e esta é a que enrolou o filhinho no paletó velho do pai. Com uns trapos. Eu penso que o ventre materno é cálido e acolhedor. O mundo cá fora é frio e ríspido. Sim, eu fui criança pobre e... esqueci...

Não posso conciliar o sono. No dia seguinte, começo a campanha do enxoval. Nada tão estranho: um rapaz envolvido em cueiros, mantas e alfinetes. Mas o trabalho se avoluma. É possível contatar a simpatia dos companheiros que surgem. Um ano depois, Cleide Braga me diz:

— É preciso organizar esse trabalho, dar-lhe personalidade jurídica. Você que começou tudo, escolha. Vamos lá, um nome!

Alheado em meus pensamentos, eu digo:

— Lívia Cornélia.

– Por que Cornélia?

– Por causa do *Há Dois Mil Anos*...

– Mas Lívia nada tem de Cornélia...

Estou em Pedro Leopoldo, no Centro Luís Gonzaga. Ao me deixar ali, para remexer nos arquivos, amistosamente Chico Xavier me diz ao despedir:

– Meu filho, você fica com as Brontës.

Eu empalideço. Como poderia ele saber do meu descomedido, irremediável, amor por Emily, Charlotte e Anne? Como poderia saber de minhas imaginárias excursões por entre as urzes das charnecas do Yorkshire? Dos meus silêncios ante as tumbas recobertas de musgo, no Presbitério de Haworth?

E, de tarde, ele volta da Fazenda Experimental. Exponho-lhe a fermentação do meu espírito. Eu dissera: Lívia Cornélia! Chico nunca se espantou com as singularidades do meu caráter. Explica calmamente:

– Ela pertencia à *gens* Cornélia, pelo esposo, Públio Cornelius Lentulus. Por isso era Lívia Cornélia.

Tartamudeio qualquer coisa, o rosto de Chico como que se ilumina:

– Emmanuel pergunta há quanto tempo você leu *Há Dois Mil Anos*.

– Há, digamos, uns quatro anos...

183

— Recomenda que torne a lê-lo. Mais do que isto, sugere que o grupo se reúna uma vez por semana e faça um culto evangélico, destinado a dar "roupas espirituais" às crianças que receberão o enxovalzinho. Abnegados servidores levarão os Espíritos reencarnantes até vocês. Eles aprenderão a lição do Evangelho, como preparativo para o renascimento em quadros de pobreza e dor.

Nessa noite, nos despedimos. Eu viajaria de volta pela manhã, bem cedo. Para minha surpresa, Chico presenteia-me com *Há Dois Mil Anos,* com dedicatória, e eu guardo esse livro para quem quiser ver. Em casa, releio-o. À página 305, arrepio-me. Na prisão, Ana e Lívia confidenciam-se. Como que monologando na intimidade do seu coração, Lívia diz:

"— Sim, ultimamente muito me tenho lembrado do Divino Mestre e de suas palavras inesquecíveis... Naquela tarde inolvidável de suas pregações, ainda era crepúsculo e o céu estava recamado de estrelas, como se as luzes do firmamento desejassem também ouvi-lo... Tudo se aquietava de manso; era de ver-se o sorriso angelical das criancinhas, à claridade terna dos seus olhos de pastor dos homens e da Natureza... Nos meus anseios, minha boa Ana, desejava adotar todos aqueles petizes maltrapilhos e famintos, que surgiam nas assembleias populares de Cafarnaum; mas meu propósito materno de amparar aquelas mulheres desprezadas e aquelas crianças andrajosas, que viviam ao desamparo, não podia realizar-se neste mundo... Todavia, suponho que hei de realizar os ideais de minha alma, se Jesus me acolher nas claridades do seu Reino..."

Incrível. Em seu nome amparávamos as "mulheres desprezadas" e socorríamos as "crianças andrajosas". O trabalho que ela não pudera realizar neste mundo! Mas Jesus "acolhera-a nas claridades do seu Reino" e agora ela corporizava o ideal de sua alma. O trabalho, pois, não era nosso, era dela...

Vinte anos se passaram e ele segue ininterrupto. O átrio romano, o salão francês, transfiguraram-se em oficina de costura. Os gênios de outrora, se não passaram por ali, a fim de vestir a estamenha pobre, seguem ignorada trajetória. Emmanuel silencia. Tudo é expectativa!

Por vezes, a sala desataviada recebe estranhos visitantes. Apossando-me do tempo dantes posto fora da lembrança, é comum deparar antigos companheiros. Fito-os e a luz interior revela-me outras semelhanças. Podem ser a inflexível Charlotte Corday, o pensativo Marat, a suave Juliette Recamier ou o belo Auguste de Stäel. Assentamo-nos em torno da rústica mesa de pinho e oramos. Todos aprendemos a perscrutar a mensagem evangélica e a dar-lhe ênfase, pelo Espiritismo.

De comum, solicitamos à meditação uma nova técnica de viver, "desenfaixados do passado". Num ou noutro momento, nós nos olhamos como se olham as criaturas nos sonhos e rodopiamos no tempo como as doiradas folhas outonais. Ninguém sabe a respeito de ninguém, mas, secretamente, suspeitamos e nos ocorre pensar: Afinal, quem sou eu? E esta presença antiga, de quem é? Mas nada dizemos, quedamos absorvidos, assistindo ao perpassar das noites e dos dias, pois tudo se reduz apenas a saber prender, firmemente, a nova oportunidade.

E o resto é silêncio.

8

MISSÃO DO LIVRO:
VANGUARDA DE QUATRO SÉCULOS...

ESTAS ÚLTIMAS PÁGINAS INTENTAM SALIENTAR, SINGELA e brevemente, o pioneirismo de Emmanuel em nossa pátria na obra de difusão da cultura através do livro. Na missão do livro. No esclarecimento e elevação da alma através do livro.

Polígrafo de largos e sólidos recursos, senhor de um estilo tão fértil de essência espiritual quanto fascinante pela sua peregrina beleza, é ele o sábio Espírito que, através da instrumentalidade de Francisco Cândido Xavier, tem oferecido ao mundo, com seus livros mediúnicos, uma grande mensagem de luz e de renovação.

Muitas experiências terrenas, diligentemente vividas, somadas aos conhecimentos superiores da Vida Espiritual, possibilitaram ao nobre instrutor a realização de sua obra missionária – fecunda, inatacável, majestosa – através da bondade e através do livro.

Construção de amor e de sabedoria, cujos fundamentos e cujos pináculos, invisíveis a nossos olhos mortais, imergem na luz da Eternidade.

* * *

E eis que desce, para fertilizar a terra de nossos corações, a "chuva de livros" da extraordinária visão de D. Cármen Perácio, por ocasião do início da missão mediúnica de Chico Xavier.[63]

Livros para os nossos dias, livros para o grande futuro. Recursos para nossa regeneração espiritual na romagem terrestre, luz do Alto para nossos caminhos da Eternidade...

A primeira obra de Emmanuel é aquela que, por feliz lembrança da editora, a Federação Espírita Brasileira, guarda o nome de seu venerável autor: *Emmanuel,* conjunto de dissertações mediúnicas reunidas em 1937 e publicadas no ano seguinte: Outros livros de mensagens, igualmente versando temas diversos são os belos volumes *Encontro Marcado* e *Alma e Coração.*

Interpretando versículos do Novo Testamento, em sínteses de luz e reconforto espiritual, desde o Evangelho de Mateus até os avisos proféticos do Apocalipse, é sua coleção admirável, tão querida em todo o Brasil, es-

---

(63) Cf. Elias Barbosa, *No Mundo de Chico Xavier,* cap. 18, Araras, SP, IDE Editora.

timada e utilizada, inclusive, além das searas de nossa Doutrina: *Caminho, verdade e vida, Pão Nosso, Vinha de Luz, Fonte Viva* e *Palavras de vida Eterna.*

Comentando brilhantemente textos e parágrafos da Codificação Kardequiana, Emmanuel nos ofereceu *Religião dos Espíritos, Seara dos Médiuns, Justiça Divina, Livro da Esperança, Opinião Espírita* e *Estude e Viva.*

Respondendo a questões doutrinárias formuladas pelos companheiros do Centro Espírita Luís Gonzaga, de Pedro Leopoldo, surgiu o excelente *O Consolador.* Em *Roteiro* temos um verdadeiro curso de filosofia espírita. Orientação doutrinária para os que se iniciam no caminho espírita é *No portal da Luz.* Analisando, sob vários ângulos, o problema do sofrimento humano, em resposta a questões formuladas por um grupo de confrades da Federação Espírita do Estado de São Paulo, despontou o volume *Leis de Amor.*

O distinto confrade Sílvio Brito Soares reúne vários pensamentos de obras mediúnicas e temos *Palavras de Emmanuel.*

Pensamento e Vida é um original trabalho de Emmanuel: adapta ele às nossas necessidades terrenas uma cartilha usada do Mundo Espiritual. São trinta capítulos de transcendente beleza e sabedoria.

A Caminho da Luz é uma síntese da História da

Humanidade à luz do Espiritismo, uma fascinante visão cósmica que abrange milênios sem conta, desde a gênese planetária e o surgimento das raças adâmicas até às próximas "tempestades de amargura" que precederão o Terceiro Milênio no planeta espiritual e socialmente renovado.

Em seu número de setembro (1970), *Reformador* anuncia mais um livro de Emmanuel, já no prelo: *Vida e Sexo,* em que o sábio instrutor espiritual aborda várias teses referentes à problemática do sexo: namoro, casamento, desajustes conjugais, divórcio, amor livre, aborto, adultério, celibato, homossexualismo, etc.

E, terminando a relação da bibliografia emmanuelina, temos os cinco esplêndidos romances, autênticos tesouros doutrinários, em que o insigne escritor da Espiritualidade evoca acontecimentos reais, de várias épocas do passado histórico, para oferecer-nos grandes lições, exemplos inesquecíveis de almas valorosas que testemunharam a fé evangélica nos mais difíceis e dolorosos lances da vida terrena. *Há Dois Mil Anos, 50 Anos Depois, Paulo e Estêvão, Renúncia* e *Ave, Cristo!* são mensagens sublimes e inesquecíveis.[63-a]

Em levantamentos históricos autênticos, neles encontramos os grandes dramas da evolução, que são os nossos dramas.

(63-a) Dezenas e dezenas de livros se seguiram a estes, escritos por Emmanuel e outros Autores Espirituais.

"O romance de Orzeskowa, *Nas Margens do Niemen,* revirou-me por dentro... Todos os nossos sonhos lá estão... Chorei como se tivesse três anos." É um trecho de carta. De uma epístola afetuosa de Mânia, daquela que seria mais tarde a célebre Madame Curie, à sua irmã Brônia Sklodowska.

Pode-se dizer o mesmo dos romances de Emmanuel. Eles desviram ideias e sentimentos sem-número nas criptas de nosso mundo interior. Falam-nos ao coração, ao Espírito imortal. É que nossas lutas, nossas quedas, nossas dores, lá se encontram... E, lendo-os, choramos como pequeninas crianças: é que nossos sonhos também lá estão...

Que majestosas evocações! O grande Império Romano, com suas lutas políticas, sua corrupção moral, sua infraestrutura de dores e misérias inimagináveis, suas grandezas que desapareceram no pó dos séculos... A Palestina no tempo de Jesus... A presença divina do Mestre Incomparável entre as lições do Evangelho e o martirológio dos heróis da fé... A propagação da palavra do Cristo no vasto mundo romano... A França de Luís XIV, a colonização inglesa na América, o Cristianismo na Gália Romana do século IV, o Circo Máximo e o Coliseu, Jerusalém e Versalhes, imperadores e apóstolos, patrícios e mártires, grandezas efêmeras e sacrifícios silenciosos... – cenários diversos, diversíssimos, servindo de palco a histórias verdadeiras, que traduzem apelos do Céu em favor da purificação de nossos Espíritos nas longas espirais da evolução...

***

É este um dos belos e importantes aspectos da missão de Emmanuel – o livro espírita. Dentro de sua grande missão, a missão do livro.

Ninguém pode contestar a posição de vanguarda espiritual, no sentido de evangelização do povo, nessa obra nascida com o mediunato de Francisco Cândido Xavier.

Acontece, porém, para alegria nossa, que essa dianteira não conta apenas *quarenta anos,* com o início do fecundo trabalho espiritual de Emmanuel, em 1931.

É um trabalho pioneiro de *quatro séculos,* pois Emmanuel, na verdade, lançou os fundamentos de sua obra missionária, através do livro, desde os tempos de Nóbrega.

É justo relembrar, neste 1970, que assinala o 4º Centenário da morte de Padre Manuel da Nóbrega, que o culto bacharel de Salamanca e Coimbra, o primeiro apóstolo do Evangelho em nossa Pátria, foi também *O PRIMEIRO ESCRITOR DO BRASIL.*

Di-lo Antônio Amora, ao afirmar o seu pioneirismo dentro "da primeira época colonial, correspondente aos séculos XVI e XVII... 1549 é o ano das primeiras cartas informativas do Brasil do Padre Manuel da Nóbrega, escritas da Bahia, documentos que se podem considerar a primeira manifestação de atividade literária colonial."[64]

E logo após suas famosas "Cartas", Nóbrega surge como o autor do *PRIMEIRO LIVRO ESCRITO NO BRASIL:* o *Diálogo sobre a Conversão do Gentio.*

Nessa obra, em nota preliminar à edição comemorativa do 4º Centenário da fundação de São Paulo, publicada sob o patrocínio do Ministério dos Negócios Estrangeiros de Portugal, diz Serafim Leite:

"O *Diálogo do Padre Nóbrega sobre a Conversão do Gentio* é a primeira obra literária que, como tal, se escreveu no Brasil. (...) Como objeto de estudo, esta obra, pequena em si mesma, valioso espécime todavia da literatura brasileira (já *brasileira,* porque é literária, escreveu-se no Brasil, e tem por assunto os Índios), pode considerar-se sob este aspecto literário ou sob o aspecto etnológico, ou sob o aspecto religioso: o literário pelo estilo e pelo gênero (diálogo); o etnológico pelos Índios; e o religioso por tratar da conversão de certa categoria de homens a uma religião positiva, que é a cristã."[65]

---

(64) Antônio S. Amora, *História da Literatura Brasileira,* Edição Saraiva, 1955, pág. 25.

(65) P. Manuel da Nóbrega, *Diálogo sobre a Conversão do Gentio,* Lisboa, 1954, pág. 7.

Também Tito Lívio de Castro escreveu que "Nóbrega é o ponto de partida de nossa literatura".[66]

Pedro Calmon observa: "A esta categoria pertence o *Diálogo sobre a Conversão do Gentio"*, composto em 1554 pelo Padre Nóbrega, e, com isto, cronologicamente, *o primeiro livro escrito no Brasil"* E sobre suas famosas *Cartas do Brasil* diz ainda o respeitável historiador: *"Das Cartas* (fato admirável) corriam seis edições, em espanhol, italiano e latim, ao morrer Nóbrega, em 1570".[67]

São também palavras de Pedro Calmon: "Humanista de muitas letras, escrevendo com fluência e primor, teólogo e erudito, dos mais capazes que então surgiram, outra celebridade tem para a cultura brasileira. *Foi quem primeiro escreveu um livro,* o "Diálogo sobre a Conversão do Gentio", *neste País* ainda tão desfavorável a semelhantes cometimentos... Esse homem era um Mestre".[68]

Esse fato, realmente impressionante, distingue não só um brilhante aspecto da grande missão de Emmanuel, desde o nascimento do Brasil no seio da co-

_____

(66) Tito Lívio Ferreira, *Padre Manuel da Nóbrega,* Ed. Saraiva, 1957, pág. 183. – Algumas destas observações já as fiz no cap. 17 de *Trinta Anos com Chico Xavier,* Araras, SP, IDE Editora.

(67) Pedro Calmon, *História do Brasil,* Liv. José Olímpio, Rio de Janeiro, 1959, vol. II, pág. 395.

(68) Pedro Calmon, *O Incrível Padre Nóbrega, in O Cruzeiro,* Rio de Janeiro, de 4-5-1963.

munidade internacional, senão também o valimento da continuidade dessa mesma e gloriosa missão.

O mais antigo escritor do Brasil continua sendo o grande pioneiro e, agora, do livro que ilumina, que regenera, que edifica para a Vida Eterna.

O mesmo Nóbrega, aquele que era nomeado pelos seus contemporâneos *Homem Santo,* que recebeu o título e o encargo de *Procurador dos Pobres* no seio da Companhia de Jesus, considerado pela ubiquidade de suas dedicações ao próximo – o *Pai dos Necessitados,* o valoroso missionário a quem Afrânio Peixoto denomina o *Primeiro Santo do Brasil,* continua sendo hoje, do Mundo Espiritual onde se encontra, qual sempre foi, o defensor e amigo dos desventurados e dos sofredores, o clarividente condutor de almas para o Reino de Deus e o grande Amigo de todos nós.

Sua obra de transcendente beleza, do mais elevado nível espiritual, aí está, e permanecerá, porque alicerçada na palavra eterna do Evangelho.

Vinculando-se integralmente à Doutrina Espírita, que ele sempre nos tem ensinado que é o Cristianismo Restaurado, seu pensamento liberal e esclarecido nunca deixou, por isso mesmo, de oferecer as mais francas aberturas intelectuais e espirituais, com vistas ao futuro da Humanidade.

E o faz através do livro, visando ao progresso do

homem e da sociedade, porque está convicto, como já escreveu, de que "o livro é o comando mágico das multidões, e só o livro nobre, que esclarece a inteligência e ilumina a razão, será capaz de vencer as trevas do mundo".[69]

Através da mediunidade fiel de Francisco Cândido Xavier – a *mediunidade gloriosa* da expressão feliz de Léon Denis –, concedido nos foi, para iluminação de nossas mentes e corações, o riquíssimo legado de Emmanuel.

Entre as homenagens que se prestam ao grande Espírito, neste 4º Centenário da desencarnação de Nóbrega, rendamos-lhe o preito de nossa admiração e de nosso reconhecimento, senão também de nosso sincero afeto, estudando-lhe e reestudando-lhe a obra magnífica.

Será louvor silencioso, homenagem da íntima gratidão ao grande missionário do Amor e da Sabedoria de Cristo, em seus quatrocentos anos de ingentes trabalhos e sacrifícios pela extensão do Reino de Deus na Pátria do Evangelho.

Seja extensiva essa vibração de ternura e reconhecimento, permitam-me rogar, ao medianeiro fiel que tornou possível, num longo caminho de abnegações e altruísmos desconhecidos, a realização da obra de Emmanuel em nosso mundo – esse herói do dever e da disciplina, o humilde e bom Francisco Cândido Xavier.

---

(69) F. C. Xavier, *Seara dos Médiuns,* de Emmanuel, Edição FEB, 1961, cap. 26.

IV

BREVE ANTOLOGIA
DE EMMANUEL

Não o posso ler sem lhe descobrir, todas as vezes, alguma nova graça ou beleza.

MONTAIGNE
(Essais, II, X)

Há outra coisa: lês muitos autores, livros de todo gênero. Tal disposição não indicaria irresolução e uma certa falta de sossego? Vivamos na intimidade dos mestres escolhidos; alimentemo-nos do seu gênio e quanto deles extrairmos se conservará fielmente em nossa alma.

SÊNECA
(Cartas a Lucílio, 1, 2)

1

Muitos hospedeiros e nenhum amigo

Ainda de Sêneca, na mesma segunda carta a Lucílio, é esta sensata observação. "É estar em parte alguma estar em todas as partes. Com passar a vida viajando, conhecemos muitos hospedeiros, mas não fazemos nenhum amigo. Essa será fatalmente a sorte dos que, em lugar de se aterem ao comércio íntimo de um grande espírito, esgotam a lista de autores, a correr perdidamente de um para outro".

Lógico que o culto filósofo não advoga a ideia do homem *unius libri,* mas aborrece a *instabilidade,* que para ele revela *uma alma enferma,* recomendando a seu discípulo e amigo:

"É que gosto, dizes, de folhear ora este, ora aquele livro. Saborear um pouco de tudo não convém senão aos estômagos estragados. A variedade de iguarias, cujos efeitos se contrariam, suja-os e não os alimenta. Lê sempre, pois, autores de reconhecida autoridade, e se o desejo te espicaça a dar uma espiada nos outros, volta depressa aos primeiros. Arranja, quotidianamente, uma defesa contra a pobreza e contra a morte, sem olvidar nossos outros flagelos. De tudo quanto percorreres, extrai um pensamento bom para digerir naquele dia. É assim que procedo. Entre os diversos textos que acabo de ler, aposso-me sempre de algo de um deles."

Seleção, pois, para participação.

Nesta quarta e última parte deste trabalho, estão reunidas algumas mensagens de Emmanuel. Desde antigas páginas psicografadas em Pedro Leopoldo até instruções recentes, de seu *Alma e Coração*. São mensagens conhecidas e desconhecidas, extraídas de pequenos impressos e de livros seus, todas psicografadas por Francisco Cândido Xavier.

Simbolizam, neste modesto volume, moldura de luz para o quadro singelo destas páginas, que pretenderam descrever, pobremente embora, o amor e a sabedoria de um grande Espírito.

E sem tentar influir, com a citação dos conceitos de Lúcio Sêneca, um filósofo que viveu há dois mil anos, no espírito do leitor que estime o aroma de flores várias, quero, fraternalmente, oferecer-lhe ao coração e à mente estas páginas de Emmanuel, replenas de sabedoria e de bondade.

Far-lhe-ão imenso bem ao Espírito nas lutas de cada dia, porque são luz de um Mundo Maior, em apelos sentidos de uma Grande Alma, ensinamentos hauridos junto ao coração Daquele que é Luz dos Séculos Terrestres e a Vida Eterna de nós, Espíritos imortais.

2

MENSAGENS DE EMMANUEL

DEUS VIRÁ

Não esmoreças sob o fardo das provações, nem te desanimes na bruma das lágrimas.

Nas horas difíceis da senda terrestre, recorda que Deus virá em nosso auxílio.

Ouvirás quem te fale dos triunfos retumbantes do mal, convidando-te à cessação de qualquer esforço no bem, sob o pretexto de que o mal se acha escorado pelas enormes legiões daqueles que lhe auferem as vantagens de superfície. Não discutas. Servirás incessantemente ao bem comum, na certeza de que Deus virá, pelas vias do tempo, repor os bons no lugar justo.

Assinalarás a presença daqueles que te fazem sentir que os desentendimentos do mundo não se coadunam com o trabalho da paz, com a desculpa de que o homem tem necessidade da guerra como imperativo da evolução. Não discutas. Darás todo o apoio à sustentação da concórdia, onde estejas, consciente de que Deus virá, pelas vias do tempo, estabelecer a solidariedade perfeita entre as nações.

Escutarás longas dissertações acerca da deterioração dos costumes, inclinando-te a descrer da dignidade social. Não discutas. Serás fiel no respeito a ti mesmo e não te retirarás do dever retamente cumprido, na convicção de que Deus virá, pelas vias do tempo, reajustar os setores convulsionados da comunidade humana, recolocando cada um deles em caminho certo.

Muitas vezes, na própria trilha pessoal, amargos vaticínios te procurarão da parte de muitos companheiros, tentando fixar-te o campo mental nas mais escabrosas questões da caminhada do dia a dia... Ouviremos referências inquietantes em torno de compromissos que tenhamos abraçado, de pessoas a quem nos afeiçoamos, de instituições a que oferecemos o melhor conteúdo de nossas aspirações para a vida mais alta... Respeitemos a todos os informantes amigos que nos solicitem a atenção para a influência do mal e, tanto quanto nos seja possível, cooperemos com eles na extinção do mal; entretanto, guardemos o coração invariavelmente na túnica luminosa da esperança, orando e trabalhando, vigiando e servindo, convencidos de que Deus, cuja infinita bondade nos sustentou ontem e nos sustenta hoje, sustentar-nos-á igualmente amanhã.

Sejam quais forem as aflições e desafios da estrada, nunca te deixes intimidar pela força das trevas e faze brilhar no próprio coração a mensagem inarticulada do amor eterno que a luz dos céus abertos te anuncia, cada manhã, de horizonte a horizonte: "Deus virá".

3

CONFIA EM DEUS

Nunca percas a esperança, por pior a situação em que te vejas. E jamais condenes alguém que se haja embarafustado no labirinto da provação.

O momento mais áspero de um problema pode ser aquele em que se lhe descobre a solução. E, em casos numerosos, a pessoa que te parece mais censurável, no mais grave delito, será talvez aquela que menos culpa carregue na trama do mal que as sombras entreteceram.

Decerto que haverá corrigenda para o erro nas trevas, pelos mecanismos da ordem, tanto quanto surgirá remédio para os enfermos, pelos recursos da medicina.

Observa, no entanto, o poder misericordioso de Deus nos menores distritos da natureza.

A semente sufocada é a que te sustentará o celeiro.

A pedra colocada em disciplina é o agente que te assegura firmeza na construção.

Aflições e lágrimas são processos da vida em que se te acrescem as energias, a fim de que sigas à frente na quitação dos compromissos esposados, e para que se te iluminem os olhos no preciso discernimento.

Nos dias difíceis de atravessar, levanta-te para a vida, ergue a fronte, abraça o dever que as circunstâncias te deram e abençoa a existência em que a Providência Divina te situou.

Por maiores se façam a dor que te visite, o golpe que te fere, a tribulação que te busque ou o sofrimento que te assalte, não esmoreças na fé e prossegue fiel às próprias obrigações, porque se todo o bem te parece perdido, na face da tarefa em que te encontras, guarda a certeza de que Deus está contigo, trabalhando no outro lado.

4

TRABALHO

Observa o trabalho dos outros, para que não te retires do dever de ajudar.

Recorda os recursos mais simples que a vida movimenta em favor de ti próprio...

A água que viaja centenas de léguas, deixando-se purificar, socorrendo-te a mesa...

O vegetal que cresce, diligente, incorporando as bênçãos da natureza, e que renuncia ao próprio desenvolvimento, a fim de atender-te à fome...

O animal que atravessa longos dias, no crescimento que lhe é próprio e que se submete ao sacrifício, no estábulo ou no matadouro, para que te não faltem agasalho e alegria, alimento e remédio...

A árvore que se ergue, generosa, e que se rende à queda espetacular, garantindo-te abrigo e reconforto...

Pensa, ainda, nos milhões de braços que se unem na atividade constante do amor, a fim de que possas contar com o pão e a vestimenta, a casa e o leito em que te refugias...

Reflete nas milhares de mãos que se conjugam, prestimosas, cada dia, para que as lições do caminho te alcancem o entendimento, através da imprensa e do livro, da tribuna e da escola...

E, despertando para o trabalho em que se equilibra o Universo inteiro, não fujas à obrigação de ser útil.

Tudo vibra e tudo serve sob a lei da cooperação.

O verme tem o seu lugar na defesa do solo.

A flor guarda os seus títulos de benfeitora na formação da colheita.

O sol envolve o mundo em seus raios, espalhando calor e luz.

Somente o homem, por vezes pessimista inveterado da sombra, quase sempre se entrega, desarvorado, às sugestões do desânimo, nutrindo o inferno da ignorância e da preguiça, ao redor de si mesmo, no Céu em que se encontra.

Recorda que Jesus, o Divino Mentor da Terra, continua trabalhando e, fazendo o melhor que possas, e tudo o que possas na construção do bem, junto Dele, encontrarás na exaltação da própria alma, a glória e a felicidade que fluem do serviço incessante e da paz imperecível.

5

NA HORA DA ASSISTÊNCIA

Nas obras de assistência aos irmãos que nos felicitam com as oportunidades do serviço fraterno, em nome do Senhor, vale salientar a autoridade amorosa do Cristo que no-los recomendou.

Ao recebê-los à porta, intentemos ofertar-lhes algumas frases de conforto e bom ânimo, sem ferir-lhes o coração, ainda mesmo quando não lhes possamos ser úteis.

Visitando-lhes o lar, diligenciemos respirar-lhes o ambiente doméstico, afetuosamente, reconhecendo-nos na intimidade da própria família, que nos merece respeito natural e cooperação espontânea, sem traços de censura.

Em lhes servindo à mesa, fujamos de reprovar-lhes os modos ou expressões, diferentes dos nossos, calando apontamentos desprimorosos e manifestações de azedume, o que lhes agravaria a subalternidade e a desventura.

Socorrendo-lhes o corpo enfermo ou dolorido, reflitamos nos seres que nos são particularmente amados e imaginemos a gratidão de que seríamos possuídos, diante daqueles que os amparassem nos constrangimentos orgânicos.

Se aceitamos a incumbência de provê-los nas filas organizadas para a distribuição de favores diminutos, preservemos o regulamento estabelecido, com lhaneza e bondade, sem fomentar a impaciência ou tumulto, e, se alguns deles, depois de atendidos, voltarem a nova solicitação, recordemos os filhos queridos, quando nos pedem repetição do prato, e procuremos satisfazê-los, dentro das possibilidades em mão, sem desmerecê-los com qualquer reprimenda.

Na ocasião em que estivermos reu-

nidos, em equipes de trabalho, a fim de supri-los, estejamos de bom humor, resguardando a disciplina, sem intolerância e cultivando a generosidade, sem relaxamento, na convicção de que, usando a gentileza, no veículo da ordem, é sempre possível situar os tarefeiros do bem, no lugar próprio, sem desaproveitar-lhes o concurso valioso.

Nós que sabemos acatar, com apreço e solicitude, todos os representantes dos poderes transitórios do mundo e que treinamos boas maneiras para comportamento digno nos salões aristocráticos da Terra, saibamos também ser afáveis e amigos, junto de nossos companheiros em dificuldades maiores.

Eles não são apenas nossos irmãos. São convidados de Cristo, em nossa casa, pelos quais encontramos ensejo de demonstrar carinho e consideração para com Ele, o Divino Mestre, em pequeninos gestos de amor.

6

MISSIVA FRATERNAL

Deixa que a esperança te brilhe nas mãos por dádiva permanente.

É verdade que a moléstia e a exaustão trazem a morte para muitos; para muitos, no entanto, ela não vem do processo enfermiço ou da célula gasta, mas da tristeza e da solidão.

Dizes-te, muita vez, em penúria moral, proclamando a bancarrota de espírito, mas se fazes migalha de luz para os que jazem amargurados nas trevas da prova, observarás os prodígios da chama dividida, clareando e aquecendo a multidão, porque toda alma carrega o coração por lâmpada pronta, aguardando o toque da bondade, como sendo a bênção do lume, para infla-mar-se, renovar-se e servir.

Muitos companheiros que te cruzam o passo dirão das calamidades que já viram e afirmarão que apenas enxergaram monstruosidades nos caminhos percorridos, contudo, seguirás adiante, confiando na força oculta da Providência Divina, que usa raios de sol para converter a lama em terra habilitada à pavimentação do caminho e emprega flores para curar as feridas do charco.

Entretanto, não levarás contigo tão somente o dom de esperar. Revelarás em tua presença o trabalho e a compreensão. Entenderás e agirás para o bem. Falarás de coragem aos profetas do desânimo e relacionarás os talentos recebidos para os ingratos que apenas somam os pesares educativos da existência, olvidando os tesouros de alegria que nos chegam constantemente da bondade infatigável de Deus.

Aceitarás nos revoltados aqueles irmãos que a insaciedade e a ignorância enlouqueceram, temporariamente, e nos caídos, aqueles outros que a fraqueza ou o desequilíbrio atiraram à margem da estrada, a te implorarem apoio e consolação.

Acende em ti a luz da esperança e prossegue à frente!...

Não te percas no emaranhado daqueles que desperdiçam as horas, pesquisando sem proveito a noite das origens e ancorando o cérebro, bastas vezes, no pessimismo ou na inquietação! Segue iluminando de serviço ao próximo a senda que se te abre ao esforço cotidiano, porque a vida te revelará todos os seus segredos no campo da dor e do ser, da evolução e do destino, quando lhe atingires o cimo solar, onde te identificarás para sempre com a presença do amor.

7

OMISSÃO

Asseveras não haver praticado o mal; contudo, reflete no bem que deixaste à distância.

Não permitas que a omissão se erija em teu caminho, por chaga irremediável.

Imagina-te à frente do amigo necessitado a quem podes favorecer.

Não te detenhas a examinar processos de auxílio.

É possível que amanhã não mais consigas vê-lo com os olhos da própria carne.

Supõe-te ao pé do companheiro sofredor, a quem desejas aliviar.

Não demores o socorro preciso.

É provável que o abraço de hoje seja o início de longo adeus.

Não adies o perdão, nem atrases a caridade.

Abençoa, de imediato, os que te firam com o rebenque da injúria, e ampara, sem condições, os que te comungam a experiência.

Se teus pais, fatigados de luta, são agora problemas em teu caminho, apoia-os com mais ternura.

Se teus filhos, intoxicados de ilusão, te impõem dores amargas, bendize-lhes a presença.

Se o trabalho espera por tuas mãos, arranja tempo para fazê-lo.

Se a concórdia te pede cooperação, não retardes o atendimento.

Nem percas a divina oportunidade de estender a alegria.

Tudo o que enxergas, entre os homens, usando a visão física, é moldura passageira de almas e forças em movimento.

Faze, em cada minuto, o melhor que puderes.

Seja qual for a dificuldade, não de-sertes do amor que todos devemos uns aos outros. E se recebes, em troca, pedra e ódio, vinagre e fel, sorri e auxilia sempre, por-que é possível estejas ainda hoje, na Terra, diante dos outros, ou os outros diante de ti, pela última vez.

8

POR UM POUCO

Escolhendo antes ser maltratado com o povo de Deus do que por um pouco de tempo ter o gozo do pecado.

PAULO *(Hebreus, 11:25)*

Nesta passagem, refere-se Paulo à atitude de Moisés, abstendo-se de gozar por um pouco de tempo das suntuosidades da casa do Faraó, a fim de consagrar-se à libertação dos companheiros cativos, criando imagem sublime para definir a posição do Espírito encarnado na Terra.

"Por um pouco", o administrador dirige os interesses do povo.

"Por um pouco", o servidor obedece na subalternidade.

"Por um pouco", o usurário retém o dinheiro.

"Por um pouco", o infeliz padece privações.

Ah! Se o homem reparasse a brevidade dos dias de que dispõe na Terra! Se visse a exiguidade dos recursos com que pode contar no vaso de carne em que se movimenta!...

Certamente, semelhante percepção, diante da eternidade, dar-lhe-ia novo conceito da bendita oportunidade, preciosa e rápida, que lhe foi concedida no mundo.

Tudo favorece ou aflige a criatura terrestre, por um pouco de tempo.

Muita gente, contudo, vale-se dessa pequenina fração de horas para complicar-se por muitos anos.

É indispensável fixar o cérebro e o coração no exemplo de quantos souberam glorificar a romagem apressada no caminho comum.

Moisés não se deteve a gozar, "por um pouco", no clima faraônico, a fim de deixar-nos a legislação justiceira.

Jesus não se abalançou a disputar, nem mesmo "por um pouco", em face da crueldade de quantos o perseguiam, de modo a ensinar-nos o segredo divino da Cruz com Ressurreição Eterna.

Paulo não se animou a descansar "por um pouco", depois de encontrar o Mestre às portas de Damasco, de maneira a legar-nos seu exemplo de trabalho e fé viva.

Meu amigo, onde estiveres, lembra-te de que aí permaneces "por um pouco" de tempo. Modera-te na alegria e conforma-te na tristeza, trabalhando sem cessar, na extensão do bem, porque é na demonstração do "pouco" que caminharás para o "muito" de felicidade ou de sofrimento.

9

PASSO ACIMA

Burilamento moral e prática do bem constituem o clima da caminhada para a frente, no Reino do Espírito, mas não podemos esquecer que todo obstáculo é marcado de oportunidade do passo acima, na senda da elevação.

Na escola, forma-se o aluno, teste a teste, para que se lhe garanta o aprendizado cultural.

No educandário da vida, o Espírito, de prova em prova, adquire o mérito indispensável para a escalada evolutiva.

Toda lição guarda objetivo nobilitante, que se deve alcançar através do estudo. Qualquer dificuldade, por isso, reveste-se de valor espiritual, que precisamos saber extrair para que se faça acompanhar de proveito justo.

Em qualquer estabelecimento de ensino, variam as matérias professadas.

Em toda existência, as instruções se revelam com caráter diverso.

É assim que a hora do passo acima nos surge à frente, com expressões sempre novas, possibilitando-nos a assimilação de qualidades superiores, em todos os sentidos.

Tentação – degrau de acesso à fortaleza espiritual.

Ofensa recebida – ocasião de ganhar altura pela trilha ascendente do perdão.

Violência que nos fira – ensejo para a aquisição de humildade.

Sofrimento – vereda para a obtenção de paciência.

Necessidade no próximo significa em nós o impositivo da prestação de serviço.

Quando a incompreensão ou a intolerância repontam nos outros, terá chegado para nós o dia de entendimento e serenidade.

Não te revoltes, nem te abatas, quan-

do atribulações te visitem. Desespero e rebeldia, além de gerarem conflito e lágrimas, são das respostas mais infelizes que podemos dar aos desafios edificantes da vida.

Deus não nos confiaria problemas, se os nossos problemas não nos fossem necessários.

Todo tempo de aflição é tempo do passo acima. De nós depende permanecer acomodados à sombra ou avançar, valorosamente, para a obtenção de mais luz.

10

O OLHAR DE JESUS

Recordemos o olhar compreensivo e amoroso de Jesus, a fim de esquecermos a viciosa preocupação com o argueiro que, por vezes, aparece no campo visual dos nossos irmãos de luta.

O Mestre Divino jamais se deteve na faixa escura dos companheiros de caminhada humana.

Em Bartimeu, o cego de Jericó, não encontra o homem inutilizado pelas trevas, mas sim o amigo que poderia tornar a ver, restituindo-lhe, desse modo, a visão que passa, de novo, a enriquecer-lhe a existência.

Em Maria de Magdala, não enxerga a mulher possuída pelos gênios da sombra, mas sim a irmã sofredora e, por esse motivo, restaura-lhe a dignidade própria, nela plasmando a beleza espiritual renovada que lhe transmitiria, mais tarde, a mensagem divina da ressurreição eterna.

Em Zaqueu, não identifica o expoente da usura ou da apropriação indébita, e sim o missionário do progresso enganado pelos desvarios da posse e, por essa razão, devolve-lhe o trabalho e o raciocínio à administração sábia e justa.

Em Pedro, no dia da negação, não repara o cooperador enfraquecido, mas sim o aprendiz invigilante, a exigir-lhe compreensão e carinho, e por isso transforma-o, com o tempo, no baluarte seguro do Evangelho nascente, operoso e fiel até o martírio e a crucificação.

Em Judas, não surpreende o discípulo ingrato, mas sim o colaborador traído pela própria ilusão e, embora sabendo-o fascinado pela honraria terrestre, sacrifica-se até o fim, aceitando a flagelação e a morte para doar-lhe o amor e o perdão que estenderiam pelos séculos, soerguendo os vencidos e amparando a justiça das nações.

Busquemos algo do olhar de Jesus para nossos olhos e a crítica será definitivamente banida do mundo de nossas consciências, porque, então, teremos atingido o Grande Entendimento que nos fará discernir, em cada ser do caminho, ainda mesmo quando nos mais inquietantes espinheiros do mal, um irmão nosso, necessitado, antes de tudo, de nosso auxílio e de nossa compaixão.

11

CARIDADE

Caridade é, sobretudo, amizade.

Para o faminto – é o prato de sopa fraterna.

Para o triste – é a palavra consoladora.

Para o mau – é a paciência com que nos compete ajudá-lo.

Para o desesperado – é o auxílio do coração.

Para o ignorante – é o ensino despretensioso.

Para o ingrato – é o esquecimento.

Para o enfermo – é a visita pessoal.

Para o estudante – é o concurso no aprendizado.

Para a criança – é a proteção construtiva.

Para o velho – é o braço irmão.

Para o inimigo – é o silêncio.

Para o amigo – é o estímulo.

Para o transviado – é o entendimento.

Para o orgulhoso – é a humildade.

Para o colérico – é a calma.

Para o preguiçoso – é o trabalho sem imposição.

Para o impulsivo – é a serenidade.

Para o leviano – é a tolerância.

Para o maledicente – é o comentário bondoso.

Para o deserdado da Terra – é a expressão de carinho.

Caridade é amor, em manifestação incessante e crescente. É o sol de mil faces, brilhando para todos, é o gênio de mil mãos, ajudando, indistintamente, na obra do bem, onde quer que se encontre, entre justos e injustos, bons e maus, felizes e infelizes, porque, onde estiver o Espírito do Senhor, aí se derrama a claridade constante dela, a benefício do mundo inteiro.

12

TEU RECANTO

Quando se te fale de paz e felicidade no mundo, reporta-te ao serviço que a vida te confiou.

Efetivamente, não podes acionar alavancas que determinem tranquilidade e ordem para milhões de pessoas, no entanto, é justo assegures a harmonia de teu recanto. Seja ele uma casa de vastas dimensões, um pequeno apartamento ou apenas um ângulo de quarto estreito, esse é o teu mundo pessoal que povoas mecanicamente com as tuas forças mentais consubstanciadas naquilo que sentes e sonhas. Razoável coloques nele o que possuas de melhor. A limpeza digna e os pensamentos nobres, os planos de ventura e os anseios de progresso. Aí conviverás com as meditações e as páginas que te levantem o Espírito aos planos mais elevados e pronunciarás as palavras escolhidas do coração para ajudar e abençoar.

Nessa faixa de espaço, recolherás as impressões menos felizes dos outros em torno da vida, de modo a reformulá-las sensatamente com o verbo otimista e edificante de que dispões, aperfeiçoando e abrilhantando as ideias e opiniões que te procurem a convivência.

Embalsamarás esse lugar pequenino com as vibrações de tuas preces, nelas envolvendo os amigos e adversários, endereçando a cada um deles a tua mensagem de entendimento e concórdia, daí saindo de sol a sol a fim de espalhares o melhor de ti mesmo, a benefício dos semelhantes, a começar do reto cumprimento das próprias obrigações.

Toda vez que venhas a escutar comentários alarmantes, acerca das convulsões da Terra ou dos problemas cruciantes da Humanidade, reporta-te ao teu recanto e recomeça nele, cada dia, o serviço do bem.

Todos possuímos situação particular, perante a Providência Divina, tanto quanto possuímos exato lugar à frente do Sol.

Considera a importância da tarefa em tuas mãos para o engrandecimento da vida. Tudo o que existe de grande e belo, bom e útil parte originariamente do Criador, por intermédio de alguma criatura, em alguma parte. Examina o que sentes, pensas e fazes no lugar em que vives.

Teu recanto – tua presença.

Onde estiveres, estás produzindo algo, diante do próximo e diante de Deus.

13

DIVINA PRESENÇA

*Quando nasceste na Terra, asseme-
lhavas-te ao pássaro semimorto que a tor-
menta arremessa em esquecida concha da
praia, mas apareceu sobre-humana ternura
num coração de mulher e foste, pelas ma-
ternas mãos, lavado e alimentado milhares
de vezes, simplesmente por amor, a fim de
recuperares a consciência; quando o véu da
ingenuidade infantil te empanava a cabeça,
afligindo aos que mais te amavam, o professor percebeu a inteligência que te fulgia no
olhar e entregou-te a riqueza imarcescível
da escola; nos dias da mocidade primeira,
quando a despreocupação parecia anular-
-te a existência, amigos notaram o caráter,*

que te brilhava nos gestos, e integraram-te a vida nos dons do trabalho; na enfermidade, quando muitos duvidavam da tua capacidade de reerguimento, o médico verificou que uma força sublime te atuava nas mais íntimas células e estendeu-te, confiante, o remédio eficaz; nas horas difíceis de incompreensão, ouviste, em meio das próprias lágrimas, inarticuladas canções de conforto e esperança, exortando-te à paciência e à alegria.

Por onde segues, assinalas a luz invisível que te clareia todos os pensamentos... Se sofres, é o apoio que te resguarda, se erras, é a voz que te corrige, se vacilas, é o braço que te sustenta e, se te encontras em solidão, é a companhia que te consola...

Aprendamos a amar e respeitar esse Alguém, como quem sabe que estamos nele como o fruto na árvore e, se caíste tão fundo que todos os afetos te hajam abandonado, mesmo aí, nas dores da culpa, recorda que a justiça te golpeia e purifica em direitura do supremo resgate, porque nunca estiveste distante da presença de Deus.

14

BÊNÇÃOS DE DEUS

Muitas vezes criticamos o dinheiro, malsinando-lhe a existência, no entanto, é lícito observá-lo através da justiça.

O dinheiro não compra a harmonia, contudo, nas mãos da caridade, restaura o equilíbrio do pai de família, onerado em dívidas escabrosas.

Não compra o sol, mas, nas mãos da caridade, obtém o cobertor, destinado a aquecer o corpo enregelado dos que tremem de frio.

Não compra saúde, entretanto, nas mãos da caridade, assegura proteção ao enfermo desamparado.

Não compra a visão, todavia, nas mãos

da caridade, oferece óculos aos olhos deficientes do trabalhador de parcos recursos.

Não compra euforia, contudo, nas mãos da caridade, improvisa a refeição, devida aos companheiros que enlanguescem de fome.

Não compra a luz espiritual, mas, nas mãos da caridade, propaga a página edificante que reajusta o pensamento a tresmalhar-se nas sombras.

Não compra a fé, entretanto, nas mãos da caridade, ergue a esperança, junto de corações tombados em sofrimento e penúria.

Não compra a alegria, no entanto, nas mãos da caridade, garante a consolação para aqueles que choram, suspirando por migalha de reconforto.

Dinheiro em si e por si é moeda seca ou papel insensível que, nas garras da sovinice ou da crueldade, é capaz de criar o infortúnio ou acobertar o vício. Mas o dinheiro do trabalho e da honestidade, da paz e da beneficência, que pode ser creditado no banco da consciência tranquila, toda vez que surja unido ao serviço e à caridade, será sempre bênção de Deus, fazendo prodígios.

15

NA TRILHA DA CARIDADE

Se já podes sentir a felicidade de auxi-
liar, imagina-te no lugar de quem pede.

Provavelmente jamais precisaste re-
correr à mesa do próximo para alimentar
um filho estremecido nem saibas quanto
dói a inquietação, nas salas de longa es-
pera, quando se trata de mendigar singelo
favor.

Quantos nos dirigem o olhar molha-
do, suplicando socorro, são nossos irmãos.

Talvez nunca examinaste os prodígios
de resistência dos pequeninos sem prato
certo que te abordam na rua e nunca me-
diste a solidão dos que atravessam moléstia
grave, sem braço amigo que os assista no

sofrimento, a se arrastarem nas vias públicas, na expectativa de encontrarem alguém que lhes estenda leve apoio contra o assédio da morte.

Muitos dizem que há entre eles viciações e mentiras, que nos compete evitar em louvor da justiça, e ninguém pode contrariar a justiça, chamada a reger a ordem.

Será justo, no entanto, verificar até que ponto somos culpados pelos desesperos que os fizeram cair em semelhantes desequilíbrios e até onde somos também passíveis de censura por faltas equivalentes.

***

Deus nos dá para que aprendamos também a distribuir.

Assegura a disciplina, mas lembra-te de que o Senhor te agradece a bagatela de bondade que possas entregar, em favor dos que sofrem, e a palavra de reconforto que graves no coração torturado que te pede esperança.

Trabalha contra o mal, no entanto, recorda que as leis da vida assinalam a alegria da criança desditosa a quem deste um sinal de bondade e respondem às orações do velhinho que te recolhe os testemunhos de afeto, exclamando: "Deus te abençoe".

A caridade em cada gesto e em cada frase acende o clarão de uma bênção. Será talvez por isso que a Sabedoria Divina ergueu o cérebro, acima do tronco, por almenara de luz, como a dizer-nos que ninguém deve agir sem pensar, mas, entre a cabeça que reflete e as mãos que auxiliam, situou o coração por estrela de amor, fulgurando no meio.

16

HEROÍSMO OCULTO

Terás ouvido narrativas em torno de feitos sublimes, nos quais criaturas intrépidas ofereceram a própria existência para salvar os outros, quais os que tombaram na defesa da coletividade, em honra da justiça, e os que foram surpreendidos pela desencarnação inesperada, em louvor da ciência, ao perquirirem processos de socorro aos sofrimentos da Humanidade.

Reverenciemos, sim, o nome dos que se esqueceram, a benefício dos semelhantes; contudo, não nos será lícito esquecer que existe um heroísmo obscuro, tão autêntico e tão belo quanto aquele que assinala os protagonistas das grandes façanhas, perante a morte – o heroísmo oculto dos que sabem viver, dia por dia, no círculo estreito das próprias obrigações, a despeito dos empecilhos e das provações que os supliciam na estrada comum.

Pondera isso, quando os embaraços da vida te amarguem o coração!... Certifica-te de que se existem multidões na Terra que aplaudem as demonstrações de coragem dos que sabem morrer pelas causas nobres, existem multidões no Mundo Espiritual que aplaudem os testemunhos da compreensão e sacrifício dos que sabem viver, no auxílio ao próximo, apagando-se a pouco e pouco, em penhor do levantamento de alguém ou da melhoria de alguns na arena terrestre.

Reflitamos no assunto e observa a parte mais difícil da existência que o Senhor te confiou... Será ela talvez o cativeiro a obrigações domésticas inadiáveis, o conflito íntimo, a condução laboriosa de um filho doente, a tutela de um companheiro menos feliz, a tolerância permanente para com o esposo ou a esposa em desequilíbrio ou, ainda, a responsabilidade pessoal e direta na garantia das obras de benemerência e cultura, elevação e concórdia na direção da comunidade.

A matrícula na escola do heroísmo silencioso está aberta constantemente, a nós todos.

Revisemos a anotação do Divino Mestre: "Quem quiser caminhar nos meus passos, renuncie a si mesmo, tome a sua cruz e siga-me".

Qual será e como será a cruz que te pesa nos ombros? Seja ela qual for, lembra-te de que o Cristo de Deus nos aguarda no monte da vitória e da redenção, esperando tenhamos suficiente coragem para abraçar o heroísmo oculto na fidelidade aos nossos próprios deveres até o fim.

IDE | Livro com propósito

No ano de 1963, Francisco Cândido Xavier ofereceu a um grupo de voluntários o entusiasmo e a tarefa de fundarem um periódico para divulgação do Espiritismo. Nascia, então, o Instituto de Difusão Espírita - IDE, cujos nome e sigla foram também sugeridos por ele.

Assim, com a ajuda de muitas pessoas e da espiritualidade, o Instituto de Difusão Espírita se tornou uma entidade de utilidade pública, assistencial e sem fins lucrativos, fiel à sua finalidade de divulgar a Doutrina Espírita, por meio de livros, estudo e auxílio (material e espiritual).

Tendo como foco principal as obras básicas de Allan Kardec, a preços populares, a IDE Editora possui cerca de 300 títulos, muitos psicografados por Chico Xavier, chegando a todo o Brasil e em várias partes do mundo.

Agora, na era digital, a IDE Editora foi a pioneira em disponibilizar, para download, as obras da Codificação, em português e espanhol, gratuitamente em seu site: ideeditora.com.br.

Além da editora, o Instituto de Difusão Espírita também se desenvolveu em outras frentes de trabalho, tanto voltadas à assistência e promoção social, como o acolhimento de pessoas em situação de rua (albergue), alimentação às famílias em momento de vulnerabilidade social, quanto aos trabalhos de evangelização infantil, mocidade espírita, artes, cursos doutrinários e assistência espiritual (passes).

Ao adquirir um livro da IDE Editora, você estará colaborando com a divulgação do Espiritismo e com os trabalhos assistenciais do Instituto.

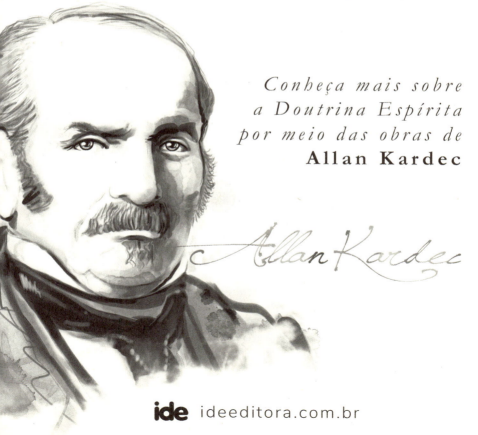

Pratique o *"Evangelho no Lar"*

livros com propósito

 INSTITUTO DE DIFUSÃO ESPÍRITA | 🌐 ideeditora.com.br
📷 ideeditora
f ide.editora
🐦 ideeditora

Ide editora é nome fantasia do Instituto de Difusão Espírita, entidade sem fins lucrativos.

Se você acredita no conhecimento que os livros inspiram, na caridade e na importância dos ensinamentos espíritas, ajude-nos a continuar esse trabalho de divulgação e torne-se um sócio-contribuinte. Qualquer quantia é de grande valor. Faça parte desse propósito! Fale conosco 🟢 (19) 9.9791.8779.